经济瞭望译丛

FINANCIAL STATECRAFT

THE ROLE OF FINANCIAL MARKETS IN AMERICAN FOREIGN POLICY

Benn Steil
Robert E. Litan

金融外交

美国对外政策中的金融武器

（第二版）

（美） 本·斯泰尔 罗伯特·E.利坦 著

黄金老 刘伟 曾超 译

黄金老 校

东北财经大学出版社 | 大连
Dongbei University of Finance & Economics Press

辽宁省版权局著作权合同登记号：图字 06-2007-65 号

Benn Steil，Robert E. Litan：Financial Statecraft：The Role Of Financial Markets In American Foreign Policy

图书在版编目（CIP）数据

金融外交：美国对外政策中的金融武器 /（美）本·斯泰尔（Steil，B.），（美）罗伯特·E. 利坦（Litan，R. E.）著；黄金老，刘伟，曾超译．—2 版．—大连：东北财经大学出版社，2016. 8
（经济瞭望译丛）
ISBN 978-7-5654-1881-5

Ⅰ. 金…　Ⅱ. ①斯… ②利… ③黄… ④刘… ⑤曾…　Ⅲ. 美国对外政策-金融政策-研究
Ⅳ. F837. 126

中国版本图书馆 CIP 数据核字（2015）第 040971 号

东北财经大学出版社出版发行
大连市黑石礁尖山街 217 号　邮政编码　116025
教学支持：（0411）84710309
营 销 部：（0411）84710711
总 编 室：（0411）84710523
网　　址：http：//www. dufep. cn
读者信箱：dufep @ dufe. edu. cn
大连图腾彩色印刷有限公司印刷

幅面尺寸：170mm×240mm　字数：201 千字　印张：14. 75
2016 年 8 月第 2 版　2016 年 8 月第 2 次印刷
责任编辑：李　季　刘慧美　责任校对：惠恩乐
封面设计：冀贵收　版式设计：钟福建
定价：38. 00 元

译者前言

运用金融外交提升中国的大国地位

2008 年 6 月本书中译本出版之时，我以《探索中国的金融外交之道》为题作序，分析了人民币汇率、资本流动、金融机构开放和储备资产运用等四个关键性的金融外交政策。大约 8 年时间过去了，世界与中国均发生了巨大的变化。21 世纪的头 10 年是名副其实的“中国世纪”，中国经济强劲增长，中国商品畅行无阻，2008 年全球金融危机发生后，世界经济更加依赖中国。那 10 年，全球对中国经济的攻击就聚焦于一件事——要求“人民币升值”。由国际社会烘托出的人民币升值氛围，反而利于中国引进外资和人民币国际化。中国当然坚决、渐进地满足了西方关于人民币升值的要求，中国与世界相安无事。

近 5 年来，美国依靠美元国际货币地位、零利率及量化宽松货币政策、美元贬值、刺激股市以及实体经济的韧性，率先走出了金融危机，保持了头号金融大国的地位。欧元区饱受数次债务危机的打击，且内部各国危机程度深浅不一，仍然依靠量化宽松政策和负利率政策刺激经济。日本因较低的债务率和复杂的金融产品较少，免受危机的首波冲击，并实施了极具扩张性的安倍经济学货币政策，国际金融地位没有下降。俄罗斯、巴西等资源国家经济依靠中国需求，上了一个台阶，但后劲乏力，基本在走下坡路。金融危机之后的较长一段时间，中国以全球经济的拯救者面貌出现，中国需求支撑了全球的资源价格，支撑了全球的奢侈品市场，支撑了全球的金融稳定，但现在正面临经济持续减速的巨大压力。总之，当今世界，随着全球能源资源格局、贸易投资格局、产业结构格局的变迁，美国等发达国家重拾经济金融压倒性优势，新兴经济体处于弱势地位。美国通过 TPP、知识产权保护、国家安全审查、反倾销、民族利益、反洗钱等新旧手段，发起并鼓动相关国家和地区在贸易、投资和金融领域围堵中国。中国发展面临的外部挑战明显增多。

金融力量早已成为大国外交中一种更加有效的武器，成为实现国家战略目标的重要手段。正如美国国务院前政策计划处主任戴维德·戈登（David Gordon）所说，“此前金融实力是外交实力和防卫实力的源泉，属于‘幕后英雄’。但在全球化导致世界相互依存度日趋提高的背景下，金融实力的作用已经提高至可与军事实力并驾齐驱的水平”。

美国一直是金融外交政策的坚定信奉者，也是金融外交领域的资深玩家。美国是世界经济金融规则的主要制定者，是国际货币基金组织、世界银行等国际金融组织的主导性国家，拥有全球最深厚的资本市场和最主要的储备货币（美元）。美国前国务卿基辛格有句名言：“谁控制了粮食，谁就控制了所有的人民；谁控制了石油，谁就控制了所有的国家；谁控制了货币，谁就控制了整个世界。”近 30 年来世界政治经济金融领域的很多大事件，背后都有美国金融外交和维护美元霸权的影子。20 世纪 80 年代初，美国贸易逆差大幅增长，财政赤字剧增，1985 年美国主导通过了“广场协议”，开启了美元贬值之路，美元对日元和马克贬值均达 40% 以上，有力提振了美国经济；2002 年，伊拉克开始以欧元替换美元作为石油结算货币，一些欧佩克国家响应；2003 年，美国以伊拉克拥有“大规模杀伤性武器”为由发动伊拉克战争，有观点认为维护美元石油结算货币地位是重要诱因之一；2008 年金融危机爆发，美元金融霸权地位削弱，次年，欧债危机爆发，欧元失去了趁势做大的最佳窗口期，欧债危机中，美国评级公司下调希腊等国评级是重要导火索。

金融是美国核心竞争力，美国对金融业的维护总是不惜一切代价。2011 年 9 月，美国爆发了“占领华尔街”运动，袭扰金融界，并在一个月内迅速升级为席卷全美的群众性运动。美国政府则不惜违背其“自由”和“民主”形象，出动警力强力打击，累计逮捕 8 000 余人，平息了事端，维护了纽约国际金融中心的地位。类似的反金融群众运动在希腊等欧陆国家绵绵不绝，重创欧陆金融中心地位。

过去，中国只是世界金融舞台边缘的沉默者，今天，中国已经立于世界金融舞台的中央。经济总量、金融总量都已位列全球三甲。自 2003 年美国施压人民币升值以来，中国就已经登上了全球金融外交领域的舞台。近年来，中国的人民币国际化、货币互换协定、自贸区、金砖银行、亚投行、丝路基金等金融外交战略和举措不断推进。但总的来说，中国在金融外交领域仍是新手。

一、充分珍惜强金融实力的机会窗口

我在《探索中国的金融外交之道》中指出：“中国的经济外交、金融外交有了坚实的基础。”近年来中国金融实力显著增强。例如，2015 年 12 月底，中国外汇储备余额为 3.33 万亿美元，远超排名第二的日本；又如，按市值计算，四大国有银行的全球排名都能进入前 10；再如，以市值规模计，2015 年中国 A 股市场市值 52.13 万亿元，已是日本的 1.54 倍，成为仅次于美国的全球第二大证券市场，社会融资规模达到 15.41 万亿元，全球最大。同时，中国在国际金融组织中的话语权也有了显著提升：2010 年 4 月 25 日，世界银行通过了投票权改革方案，中国的投票权由 2.77% 提高到 4.42%，成为世界银行第三大股东国，仅次于美国和日本。2015 年 12 月 1 日，IMF 批准人民币于 2016 年 10 月 1 日加入 SDR；2016 年 1

月 27 日，IMF 份额改革正式生效，中国份额占比从 3.996% 升至 6.394%，排名从第六位跃居第三，仅次于美国和日本。这些实力使得中国已有条件利用金融手段来维护国家利益，运用金融外交提升大国地位的时机趋向成熟。

一方面，中国超强的金融实力基于 2001 年加入 WTO 后经济快速发展而形成，主要表现为金融资产尤其是银行业资产规模和国家外汇储备资产规模庞大。中国金融市场多元化程度和深度不足，多层次资本市场建设尚未成型；金融机构产权多元化程度不高，核心竞争力不强；人民币国际化、参与国际金融规则制定等方面均处于初期阶段。中国超强的金融实力更多地源于国内充裕的资金来源和强劲的资金需求。然而由于人口老龄化、利率市场化和投资理财工具多样化，廉价储蓄时代行将结束，银行今后的筹资能力将更多地取决于它的定价承受能力和负债创新能力；宏观经济进入新常态，高投资和高融资恐难再现。银行业的盈利增长和资产增长，都在较快减速。出口增速的下降，也会使外汇储备资产不再大规模增长。也即，中国超强的金融实力，具有明显的阶段性特征。中国强金融实力的机会窗口正在展现。

另一方面，大量的国家利益需要金融来维护。中国年对外直接投资已达 1 000 亿美元以上，中国金融业已在海外设立了上千家分支机构，海外贷款余额超过 1 万亿美元。中国在海外已有巨大的金融利益，迫切需要积极推动金融外交，从游戏规则的接受者向游戏规则的参与者和制定者转变，保护本国利益。2015 年 11 月，中国银行纽约分行因拒绝了透露中国境内客户信息的不合理要求，被美国纽约曼哈顿的一家法庭裁定为藐视法庭，并称要进行巨额罚款；2016 年 2 月，西班牙国民警卫队以涉嫌参与大规模洗钱活动为由，突袭了中国工商银行马德里分行。可以想象，美国等正在积累中国银行业有关所谓不合规运作的资料，一旦时机成熟就会开出巨额罚单。还有，2008 年本书中译本出版时，恐怖主义对中国人来说还是电视上“外国的事情”，但今天恐怖主义不再是外面的世界，已实实在在地在我们身边发生。美国正是严格执行本书所倡导的“切断恐怖主义的资金联系”，而达到这几年治下太平。

中国必须充分珍惜强金融实力的机会窗口，善以运用，以金融实力提升中国大国地位和影响力。

二、中国“重资产”型金融外交发力

“重资产”型金融外交，即实打实地对外投钱，借以达到金融本身的目的（维护中国金融利益）以及非金融的目的（维护中国整体国家利益）。购买美债是典型的“重资产”型金融外交。2015 年中国持有的美债余额尚有 1.25 万亿美元。增持或出售美债，会对美元汇率和美债价格进而美国财政政策产生一定的影响。但购买美债将资金集中在单一资产上，中国承担的汇率风险、利率风险和政治风险也大。近年来，这种“重资产”型金融外交工具正在多元化。2008 年金融危机爆发，承担紧急救助使命的国际性组织未能发挥应有作用，大型跨国银行自身不保，中国金融实力趁势崛起。签订货币互换协议、对外贷款和投资、发起成立多边合作开发机构等一系列方法和举措崭露头角。

一是签订货币互换协议。2009 年 3 月 11 日—2015 年 4 月 10 日，中国与 30 个国家和地区签订了货币互换协议，其中，中国香港地区（4 000亿元）、韩国（3 600 亿元）、欧元区（3 500 亿元）、新加坡（3 000亿元）、英国（2 000 亿元）、加拿大（2 000 亿元）、澳大利亚（2 000 亿元）、巴西（1 900 亿元）、马来西亚（1 800 亿元）、瑞士（1 500亿元）、俄罗斯（1 500 亿元）和印尼（1 000 亿元）均高达千亿元以上。这些与中国签订货币互换协议的国家和地区（组织）既有英国、加拿大等发达国家，也包括东南亚国家和俄罗斯、蒙古等邻国，还包括欧洲央行，凸显了人民币的影响力。

二是扩大对外贷款和投资。对外贷款和投资也是“重资产”型金融外交的一部分。截至 2015 年 9 月，中国金融企业对外贷款余额为 4 945

亿美元。虽然，从目前实践看，国家开发银行、中国进出口银行等对外贷款有投入大、风险大、收益期偏短的特点，但是，从另一方面讲，相比于购买美债，这些政策性贷款有助于提升中国的国际影响力。这些政策性贷款的主要对象是一些不发达国家的项目，还能带动中国产品（成套设备）的出口。

对外投资比对外贷款的影响力更大。作为股东（或者潜在股东），会计服务如能跟上，就可更有效地掌握信息，避免一些陷阱。同时，股权可以带来控制权，也可以更好地促进与当地合作：一方面合资企业更易于被本地大众接受和信任；另一方面，本地股东更了解当地法律、风俗、人文等情况，能弥补中国金融企业“走出去”初期的经验不足。截至 2014 年年末，中国对外直接投资余额达到 8 826. 4 亿美元，其中非金融类对外直接投资 7 450. 2 亿美元，有了长足的增长，但距离美国 4. 59 万亿美元的对外直接投资额仍有不小的差距。

三是组建金砖银行、亚投行和丝路基金。2013 年 9 月和 10 月，习近平主席提出了建设“新丝绸之路经济带”和“21 世纪海上丝绸之路”的战略构想。“一带一路”涉及设施联通、资金联通、贸易畅通等各个方面的合作，为中国金融业走出去、提升整体金融外交实力提供了历史性机遇和平台。围绕“一带一路”战略，中国加速推进货币互换、成立丝路基金（400 亿美元），并主导组建了金砖银行（中国出资 410 亿美元，占总投票权的 39. 95%）和亚投行（中国出资 297. 804 亿美元，占总投票权的 26. 06%）。

金砖银行、亚投行和丝路基金的建设是中国等新兴市场国家对美国主导的多边国际金融组织“忘了初心”、不作为的一种纠正，是中国推行“一带一路”发展战略的金融保障，也是中国金融外交从“无为”走向“有为”的重要标志。

三、拓展金融外交新空间

“重资产”型金融外交耗资巨大，并且对外交的作用不能持续，一旦资金耗完，或者当地政府政权更迭，就停下来了。中国要重点拓展“轻资产”型金融外交。更高层次的金融外交工具，在于货币国际化、金融监管国际规则制定权、独立的跨境资金清结算体系、跨越国界的互联网金融发展等。

1. 有序推进人民币国际化

当本国货币成为国际货币时，本国货币政策就具备了全球影响力，会大大提升金融外交的实力。近年来，受益于美元、欧元、日元等国际货币的持续贬值压力，人民币国际化取得了显著成绩。中国人民大学国际货币研究所发布的《人民币国际化报告 2015》显示，人民币国际化指数已经从 2009 年年底的 0. 02% 提高到 2014 年年底的 2. 47% 。同时，也要看到，人民币国际化并不能寄希望于朝夕，需要有政策耐心，先要筑基，着力在深化金融改革、完善人民币金融产品体系上持续推进，基础夯实后，人民币国际化更多地会是水到渠成之事。

首先，有的放矢地开放资本市场。资本项目开放是一个非时点概念，世界上没有一个国家正式对外宣布其资本项目完全开放。开放的顺序问题，更多地表现为不同项目开放程度的深化问题。当前，国内股票、债券等直接融资性工具所占比重较低，股票和债券市场缺乏足够深度来容纳国际资金进出；理财投资产品刚性兑付仍占主流，金融风险文化不健全，国内投资者仍缺乏正确的风险观；金融衍生产品创新也处在相对初级阶段，风险对冲工具严重匮乏。此外，国内金融体系国际化程度还处于初级阶段，金融机构刚开始走出国门，国际化经验和进展不足；股票市场、债券市场也缺乏国际性企业的参与，国际投资者认可度不高。上述种种，使得国内金融市场深化改革还有较长的路要走，在此之前，并不适宜完全放开可兑换资本项目。

其次，协调发展在岸、离岸两个市场的人民币金融产品体系。人民币离岸市场的发展使得人民币金融产品客观上形成了国内、国际两个市场，受资本可兑换程度等因素影响，在一些产品上，两个市场是割裂的。在人民币利率类、股权类金融产品上，国内市场开放程度有限，导致国外相关金融产品匮乏；另一方面，在人民币汇率远期等产品上，离岸市场较为发达，交易量大，已经对在岸人民币汇率产生了显著影响，加大了人民银行管理汇率波动的难度。国内市场在人民币利率、汇率及大宗商品等相关衍生金融产品建设上，还可适当加快步伐，要在体量上远超离岸市场，牢牢把控定价权。同时，离岸人民币金融产品体系仍有待丰富，可以以自贸区为基础积极试点，不断丰富境外人民币资产回流渠道，为离岸市场人民币金融产品创新提供支持。

再次，充分发挥人民币在国际金融市场中的影响力。人民币国际化的目标不是要成为像美元一样的霸权货币，实际上也缺乏成为霸权货币的历史机遇。人民币国际化的目标首先是成为亚洲的区域性货币，进一步在世界范围内具有与经济实力相当的影响力，成为多元化国际货币体系中的重要力量。人民币将于 2016 年 10 月 1 日加入 SDR，在此之后，中国可推动相关友好国家增持人民币资产；依托金砖银行、亚投行和丝路基金等平台，充分发挥人民币在对外援助、基础设施投资和多边合作中的作用，同时，择机推动 IMF 份额改革，进一步提升人民币份额，并推动世界银行投票权改革等。

最后，要做好持续发力、长期推进的思想准备。从历史上看，货币的国际化本来就是一个长期的过程。美国早在 1880 年左右就已经超过英国成为世界第一大经济体，但直至 1944 年布雷顿森林体系的建立，美元才取得货币霸权地位。从这个角度看，美元国际化走过了 60 年的时间。日元的国际化也是如此，即使从 1980 年开始算起，日元国际化也历经了 30 年。欧元脱胎于德国马克、法国法郎等强势货币，其国际化进展较快，是目前唯一可以对美元构成潜在竞争压力的货币，但欧债危机的爆发基本打乱了欧元快速国际化的节奏，未来也有较长的路要走。同样，人民币的国际化也遇到一定的波折。自2014年以来，美联储通过不断发酵的加息预期导演了美元的升值走势，新兴市场国家资本外流，汇率纷纷贬值，人民币兑美元汇率也先后出现了两次快速贬值，一定程度上也影响了人民币国际化的推进。第一波始于8·11汇改，人民币汇率自2015年8月11日开盘价的6.2093迅速贬值到6.4485，贬值幅度高达3.85%；第二波贬值趋势于2015年11月中旬形成，于2016年年初很快达到新的高点6.6042。人民币国际化是个系统工程，也是长期过程，遇到波折实属正常，我们需要做的是目标坚定、持续发力，做好长期推进的思想准备。

2. 影响资本市场估值

在这方面，有两块“基石”。基石一是会计规则，涉及对资产、负债和权益的确认。目前，四大会计师事务所均为美国公司。基石二是评级公司，涉及对金融工具的定价和投资者信心。两大评级公司均为美国公司。中国在会计规则和评级公司等金融市场“基石”方面缺乏话语权，在国际资本市场上就容易受制于人。2011年开始，美国浑水和香橼公司频繁做空中概股，一度引发投资者对中概股的信心崩塌，相关公司股价大跌，损失巨大。2016年3月初，穆迪将中国主权信用评级、中国38家国有企业及授予评级的子公司、25家金融机构评级展望由稳定下调至负面，试图影响国际金融市场对中国的预期，进而影响国际资本流向。2014年以来，由于受到西方国家制裁，评级公司相继降低俄罗斯和俄罗斯公司的信用评级，引发投资者逃离俄罗斯，加剧了制裁的效果。为此，俄罗斯“不得不”于2015年7月宣布组建国家信用评级公司，以期本国公司受到“公平”的评级待遇。

目前，中国在这方面与美国差距依然巨大，亟需加强制度建设。上海证券交易所可开设“一带一路板”，允许一些国家的合格企业来华上市。同时，以此为契机，鼓励中国的会计师事务所为这些来华上市的外国企业提供会计服务。在熊猫债的发行过程中，若境外发债主体信息披露当中的会计准则按照中国的准则来做，评级信息也以国内评级机构为主，也是提升国内会计准则和评级体系国际影响力的有效途径。同时，逐步放开外国资本投资 A 股市场的限制，提高 A 股市场的活跃度和国际影响力。2015 年，人民银行拟发八张民营个人征信公司牌照，民营评级公司牌照也应在开放之列。这些都将有利于提升中国金融外交综合实力。

3. 力求成为全球资产管理中心

美国借金融反恐战、查税风暴等，在全球推行 FATCA 法案，要求签约国家允许美国税务机构向签约国银行中的美国公民账户征收所得税，同时执行银行信息自动交换，向美国税务机构提供银行中美国公民账户信息。目前几乎所有的发达国家以及人们熟悉的所有海外低税或离岸的区域都已经正式或有意向与美国签署协议，包括瑞士等传统账户保密国家，传统的资产管理中心受到重大打击，全球富人正在寻找新的资产管理中心。

当账户保密不再成为差异化优势时，经济基本面、金融市场稳定性等将成为决定富人资产存放地的重要因素。相比其他国家，中国经济基本面依旧稳健，金融市场相对稳定，发展前景良好，投资机会很多。在“大众创业、万众创新”的政策引领下，中国股权投资市场蓬勃发展。截至 2015 年年底，股权投资市场活跃的 VC/PE 机构超过 8 000 家，管理资本量约 5 万亿元人民币。同时，债券市场大幅扩容，产品日趋丰富，收益率普遍高于其他国家。2015 年债券市场融资高达 23.02 亿元，同比增长 88.84%，助力中国债券市场一跃成为全球第二大市场。同时，人民币汇率在经过两次大的贬值之后，贬值风险因素也已大大释放。

可以预见，随着人民币国际化的不断推进，中国将日益成为全球富人理想的资产管理地。2015 年，沪港通放行，境内外资本市场已在特设管道内打通。对已经部分开放的资本项目，如非居民用人民币投资境内银行间市场，可进一步放宽投资主体和额度限制；对于尚未放开的资本项目，可在上海自贸区先行小规模试验，逐步推动，助力中国成为新的资产管理中心。

4. 建立人民币跨境资金清算结算体系

这方面，也有两块“基石”：基石一是 SWIFT，即银行间清算系统；基石二是账户，决定资金能否进入银行体系。美国金融反恐战的主要工具就是监控银行账户和 SWIFT。高效完备的清算网络也是人民币国际化必不可少的基础建设，近年来，尽管央行已陆续在中国香港、中国台湾、新加坡、法兰克福、伦敦等地建立跨境人民币清算安排和清算行，但距离完备成熟的国际货币清算体系还有较长的路要走。另外，境内外融资渠道有限、人民币资金的不完全自由流动等客观现实也限制了人民币跨境支付清算的发展速度。

目前，随着中国人民币国际化的推进和资本市场的逐步开放，现有的人民币跨境资金清算结算体系已无法有效满足现实发展的需要。这要求中国加快建设人民币跨境资金清结算系统，完善人民币全球清算服务体系。2012 年年初，人民银行决定组织建设人民币跨境支付系统（Cross-Border Interbank Payment System，简称 CIPS），整合现有人民币跨境支付结算渠道和资源，进一步提高人民币跨境支付结算效率，满足全球各主要时区人民币业务发展的需要。系统首期已于 2015 年 10 月 8 日上线。未来，需进一步增加参与行数量，并加快推动系统二期的上线。

5. 参与制定金融监管国际规则

巴塞尔协议是目前认可度最高的银行业通行规则，这个协议的制定和执行过程可以说是美国金融外交的典型案例。“巴塞尔协议Ⅲ”的草案于 2010 年提出，并于当年的 G20 峰会上获得批准实施。按照巴塞尔银行监管委员会要求和 G20 峰会达成的决议，巴塞尔协议成员国应从 2013 年 1 月 1 日开始实施“巴塞尔协议Ⅲ”。但是，2008 年金融危机后，美国银行业受到重创，难以满足巴塞尔协议的相关指标要求，使得美国对巴塞尔协议的态度也出现了戏剧性的变化。2012 年 11 月，美联储同意无限期推迟“巴塞尔协议Ⅲ”的实施。2013 年 5 月，伯南克表示，“巴塞尔协议Ⅲ”不足以解决银行“大而不倒”的问题。

2012年9月，我访问美国银行同业时，花旗执行董事Carl Stocking认为，“巴塞尔协议Ⅲ”尚不成熟，在过渡过程中需要不断修正完善，过早执行意义不大；同时，其部分条款对很多业务过于苛刻，对部分传统业务（如贸易融资等）的风险资本要求较高，不利于经济增长，拖累经济复苏。富国银行国际业务总裁Greg Bajak认为，美国对“巴塞尔协议Ⅲ”的态度与欧洲有所不同。美国银行业普遍认为“巴塞尔协议Ⅲ”尚需进一步细化与完善，执行“巴塞尔协议Ⅲ”，银行股东（投资人）被迫增加了成本，银行业的商业模式也需要改变，长期盈利能力会受到影响。

金融业的国际规则是会不断发生变化的，而这种变化体现了各国基于本国利益考虑所持的立场和态度，最终是各国博弈的暂时结果。所以，中国可努力使今后的这种行业规则的变化在尊重行业发展规律的前提下更加有利于自己。在这里，德国的一个例子可以作为参考：在修改巴塞尔协议时，德国利用自身的影响，成功说服了委员会对住房抵押贷款给予50%的风险权重。中国仍处于工业化、城市化和出口导向的发展阶段，需要大量的投资，由于中国直接融资市场还不发达，企业投资主要依靠银行贷款，企业高负债率必然与银行高杠杆率对应。设定过高的资本充足率监管要求，银行融资支持实体经济的能力就被削弱了。对于中央投资企业、贸易融资、股权及实业投资、贷款承诺等风险权重计算更要考虑中国的国情。特别是中国是全球第二贸易大国，并且贸易利润十分微薄，贸易企业严重依赖债务融资，信用证等贸易融资按照100%信用转换系数计算，银行就会放弃贸易融资，从而严重制约中国贸易的国际竞争力。所以，必须制定“中国版”的“巴塞尔协议Ⅲ”。

6. 投资当地金融基础设施

金融基础设施包括支付清算系统、征信系统、交易平台、托管系统等，由于国内金融市场发展程度、传统金融机构国际化程度相对较低，自身很多基础设施如IT系统等都来自国外，与西方国家比，国内企业在金融基础设施建设方面仍缺乏话语权，也缺乏竞争力。同时，政治因素也为国内企业参与西方国家基础设施建设带来阻碍。例如，华为、中兴等中国企业参与了海外一些一般基础电信设施的建设，在技术上是过关的，却时常被美国等国家以威胁国家安全为由与重大项目失之交臂。

相比传统金融项目，国内互联网金融行业发展状况较好，某些方面甚至超越美国。随着互联网金融时代的到来，海外一些国家金融领域的基础设施也将更新换代，为国内企业参与其互联网金融基础设施建设带来了机遇，甚至是“弯道超车”的机会。如果中国的银行、硬件制造商和互联网支付软件提供商能把握时机，携手合作，参与到海外支付清算系统、征信系统、交易平台、托管系统的建设中，一方面会为中国企业更广泛、更深入地参与当地金融活动打下良好基础，另一方面也有助于当地金融市场与中国金融市场更高效地衔接，从而间接促进人民币的国际化和扩大中国的金融影响力。具体策略上，为规避政治因素，可以效仿华为等企业，先期围绕“一带一路”等战略在东南亚、东欧等国家积极布局，之后逐步外延至其他国家，直至进入发达国家市场。

7. 助推互联网金融跨国发展

互联网金融是指依托于社交网络、手机 App 等互联网工具，实现支付、投资和资金融通的一种新的金融形式。中国企业具有在海外发展互联网金融的优势。根据标准普尔 Capital IQ 的数据，截至 2014 年，全球十大互联网公司中美国占六家，中国占四家。这意味着，在这个领域，中国仅略落后于美国，超过了欧洲和日本。阿里巴巴、苏宁等有实力的中国互联网企业是发展互联网金融的基础。

中国电子商务（包括互联网金融）有着自己独特的发展过程，而这一发展过程现在成为一种优势：前些年，正是因为中国原有的商业基础设施与发达国家相比不够完善，诚信体制相对而言也不够完善，中国互联网企业才不得不摸索并逐渐建立起一个“网上的信用体系”（支付宝、易付宝式的第三方暂管资金、客户网上评价、如何与物流企业合作等），用以推动电子商务的发展，并客观上促进了互联网金融的产生和快速发展。世界上绝大多数国家的商业体系、信用体系都不够完善，按传统方法不可能在短时间内完善这些体系，中国的互联网企业为其提供了最可借鉴的经验。中国在商业领域原来的劣势（与美国相比），在互联网时代在某种程度上反而成为一种在海外发展的优势。

中国的互联网金融企业与传统金融机构加强合作，共同开拓海外金融市场。传统银行担当资金“第三方的存管”，互联网企业负责业务拓展和技术维护。在海外发展互联网金融时，可尽可能使海外业务与国内业务使用同一平台，或技术端口易于对接。这样长期上将有利于各国与中国在金融乃至贸易领域的交流。

四、国家的作用

1. 做好顶层设计

金融是保障实体经济正常运转的核心部门，各国政府对国外金融机构“走进来”都颇有戒心，往往会设置苛刻的条件。中国作为全球范围内快速崛起的大国，在政治经济各领域发挥着日渐重要的影响力，容易成为相关国家“重点关照”的对象。中国要在国际金融领域发挥更大的影响力，需要国家做好顶层设计，减少金融机构“走出去”的障碍。

一方面，要让国际社会了解并感受到中国是一个负责任的大国，尊重国际金融规则和惯例，力图避免给其他大国造成“闯进瓷器店的大象”的印象。另一方面，我们也要呼吁并推动一些金融领域“游戏规则”的改革，使之反映现实情况和实力的变化，使这些必然会逐步发生的新变化在宏观上有利于中国的长远发展，在微观上有利于中国金融机构获得参与优质项目的平等机会。

2. 切实保护境外中资金融机构的合法利益

当前，金融机构“走出去”面临着日趋复杂的国际环境。以跨国银行被罚款为例，近几年，此类事件日益增多。2009 年，美国政府掀起查税风暴，瑞士银行被罚款 7.8 亿美元，并交出了所有美国人的秘密账户记录。2010 年 3 月，美国《海外账户纳税法案》生效，规定外国银行、基金管理公司、保险公司、对冲基金必须将美国公民账户信息交给美国税务机构，否则将被视为不与美国政府合作。若“不合作”的外国金融机构在美国有收入所得，美国将对其在美收入课以 30% 的惩罚性税收。2014 年 6 月，美国对法国巴黎银行罚款 89 亿美元，指控其为苏丹和其他被美国列入黑名单的国家转移了数十亿美元的资金。2015 年 5 月，美国司法部和美联储对巴克莱银行、花旗银行、摩根大通、苏格兰皇家银行、瑞士银行和美国银行等六大银行累计罚款高达 58 亿美元。

英国、欧盟也纷纷加大金融罚款力度。2014 年 11 月，包括瑞银和花旗银行在内的五家大型银行因外汇交易过失被英国政府处以 11 亿英镑罚款。2015 年 4 月，纽约梅隆银行在英国被罚款 1.85 亿美元。2013 年 12 月，欧盟对德意志银行、法国兴业银行、苏格兰皇家银行、摩根大通、花旗银行等处以不同程度的罚款，合计超过 17 亿美元。2014 年 10 月，欧盟对摩根大通处以超过 6 100 万欧元的罚款，指其操纵国际金融市场基准利率。此外，反洗钱已成为西方国家金融当局掌握的最令跨国银行捉摸不透的惩罚理由。

面对繁杂的海外发展环境、多变的政策法律环境以及适用性不一的各类规则的不断产生，金融机构做到 100% 不“犯错”是很难的，何况有时候是当地政府基于政治经济等因素考虑而有意为之。当前，中国金融机构“走出去”仍处于初期阶段，尚未引起当地政府的充分注意，随着“走出去”程度的加深，中国金融机构面临的此类风险将逐步增多。中国政府应有所作为，充分利用多种政治外交手段，如签署双边投资保护协定、加强与国际组织合作等，适当时候也可以秀秀“肌肉”，切实保障中国海外金融机构的合法利益，有效降低金融机构国际化发展风险。

3. 协调对外资本输出的主体行动

在对外投资时，让国有机构之间保持适当的良性竞争，对国家而言，由于有多渠道的信息和各种结果之间的比较，将更容易了解实际情况和做出战略决策。为防止恶性竞争，也要事先做好制度建设，明确可为与不可为之事。中国对外投资的国有主体较多，有国家开发银行、中国进出口银行、五大行、丝路基金等，机制上要保证有分工、有协作，也有适当的竞争，尽量规避对优质海外标的竞相抬价行为的出现，也要对扎堆进驻某些发达国家如美国的现象进行规范。这方面国外的情况是，日本仅有国际协力基金、美国仅有进出口行，都与中国机构较多的情况不同。同时，充分借助多边开发性金融机构在对外投资和对外援助中的渠道性作用，为国内金融机构创造更多的条件参与国际性事务。

鉴于国有身份时常成为跨境投资的阻碍因素，尤其是在能源、资源等敏感性领域，国有主体"走出去"，应适当淡化国有身份，对外宣传应突出行业性、专业性和生产性等业务能力，条件允许时，最好低调进行。现实情况是，往往一项跨国并购建议还未尘埃落定，报纸、网络便开始大肆发酵、宣传，民族自豪感溢于言表，但高调的宣传往往会引起被并购企业所在国民众的反感，也会激发他们的民族情绪，使得本来正常的商业活动因民众反对而夭折。

4. 松绑企业"走出去"制度

国家不仅要支持中国的央企、地方国企以及当地政府及国企，更要支持中国的民营企业以及当地的民营企业，特别是新兴企业（如互联网企业）——这些企业代表着新兴力量，影响力巨大。国家可积极推动各类民间投资主体投资对国家整体利益有利、于投资者也有利可图的项目。在一些敏感领域，民营企业"走出去"更易成功。同时，国企"走出去"集中在能源和基础设施领域，新兴主体"走出去"亦可大大丰富"走出去"产业结构，如对国外处于孵化期的高技术公司的投资，由新兴主体进行更为合适。

关于目前阶段海外投资的重点，"一带一路"沿线国家是重点发力的方向，东南亚国家是优先选项。一方面，相对而言，中国金融机构比较熟悉这一地区；另一方面，相比在该地区较活跃的英资、美资和新加坡银行，中资银行的突出竞争力在于有充足的资金来源和较高的风险偏好（信贷条件相对没有那么苛刻）。

5. 提供信息服务

当前，国内商务部等国家部委、出口信用保险公司等企业机构、中国国际贸易促进委员会等民间协会等均在信息服务等方面发挥了积极作用，但仍有很大作为空间。

一方面，近年来，东道国政府干预、蚕食式征用、政策法律变动、民族主义行为、恐怖袭击、内乱和战争等政治风险日益凸显，国家部委在及时、权威的政治信息服务等方面应发挥更大作用，如定期出具国家/地区政治风险评估分析报告，指导企业建立海外投资安全风险管理体系等。中国驻外使馆的网站应成为所在地经济信息的发布窗口。财政供养的科研院所（如各类拉美、东南亚研究所等）也应由大而化之的研究转向细分研究。

另一方面，中国的金融机构在海外开展业务，需对当地的物流、资金流有较充分的了解，这样才能对项目的整体情况和风险进行判断。但由于中国金融机构才刚刚迈出“走出去”的步伐，所以普遍对海外“物流”“资金流”的情况缺乏了解，因此在看项目的时候容易“只见树木，不见森林”。而且，当企业意识到并想了解“物流”“资金流”的情况时，却常常苦于连了解的渠道和该渠道信息的可信度也不知道（即对当地的“信息流”也不了解）。

近些年国内企业积极“走出去”，有经验也有教训，积累了不少有价值的信息，只是分散在各处，系统性不强。同时，政府可通过政策引导，扶持民间机构专职进行海外投资相关信息搜集、整理、挖掘和使用工作，也要鼓励有海外经验的大企业积极进行信息的共享，构建一整套涵盖考察调研、对接洽谈、宣传推广、咨询培训、知识产权保护、争端解决等在内的海外投资解决方案，为企业“走出去”提供更好的信息支持。

6. 做好国际舆论引导

西方社会游说政治发达，舆论导向往往能决定“走出去”项目的成败，中国企业对此并不擅长，吃了不少亏。2012 年 9 月，三一重工关联公司拉尔斯控股欲收购位于美国俄勒冈州海军军事基地附近的 4 座风力发电厂项目，但遭奥巴马政府和美国外商投资委员会（CFIUS）以威胁国家安全为由下令阻止，三一重工“愤而”起诉奥巴马，虽然胜诉，项目终究“黄了”；华为进入美国市场，不断遭受国会政客的打击，游说费用逐年递增，效果尚不明显；在美上市的中概股，因无法取得美国投资者的信任，屡屡成为浑水等专业做空公司的牺牲品；遭受“双反”打击的光伏业，疲于向国外政府证明自己没拿政府补贴，但常常无济于事，等等。

国际舆论的引导是个系统工程，仅靠企业之力往往力不从心，需要国家层面加强统筹考虑，综合对外援助、国际合作、文化交流、科技提升、知识产权保护、东道国环境保护等多方面因素塑造良好国际形象，阐明中国和平崛起的理念，为企业“走出去”创建更为友好的舆论环境。同时，企业也应积极开展公共外交活动，承担必要的社会责任，并及时就反对意见和负面信息做出正面回应，必要时也可积极游说有关团队或部门，提高正面信息曝光率。

苏宁云商集团副总裁、苏宁金融集团常务副总裁　黄金老

2016 年 3 月

致　谢

本书在内容上力求覆盖广泛的知识领域。在本书的写作过程中，我们得到了 Michael Punzalan、James Bergman、Jesse Gurman、Daren Tedeschi、Erik Daly 和 Hallvard Omholt 等六位青年才俊的大力帮助，他们为我们提供了至关重要的研究支持。我们还有幸得到了美国对外关系协会（Council on Foreign Relations）一个特别研究小组的睿智建议和批评，他们是 Peter Baird、John Biggs、Lael Brainard、Domingo Cavallo、Joyce Chang、Saj Cherian、Blair Effron、Mallory Factor、Tom Farmer、Sergio Galvis、Anna Gelpern、Jon Hartzell、Manuel Hinds、Gary Hufbauer、Peter Kenen、John Lipsky、Karin Lissakers、David Malpass、Michael Moskow、Ernie Patrikis、Adam Posen、Paul Sacks、Frank Savage、Brad Setser、Dan Tarullo 和 Ted Truman，以及这个小组的主席 Jeff Shafer，在此谨向各位小组成员表达最诚挚的谢意。另外，我们还从三位匿名评审人的详细评论中获益匪浅。在过去的 10 年里与一些美国金融外交关键人物的私下长谈，也让我们受益良多，在此对他们花费的时间和率直的真知灼见表示感谢。同时，我们还要感谢 Harry Freeman 给予的经济支持。最后，我们要特别感谢 JP 摩根的 ADR. com 的 Jack Ferrer 和 Thomson Financial 的 Nadav

Glucklich，他们为本书查阅并提供了重要的相关投资数据，这是非常宝贵的帮助。当然，本书中所有的错误和瑕疵都将只由我们负责。

作　者

目　录

导论　什么是金融外交？

只要这个世界仍然被分割成不同的主权国家，就永远会存在“外交”（statecraft），即政府为贯彻其对外政策而采取的方法。这一领域的大师级人物哈罗德·拉斯韦尔（Harold Lasswell）于1958年提出，“外交”主要通过四种工具实现，即信息（话语和宣传）、外交手段（谈判和交易）、军事力量（武器和暴力）及经济（商品和货币）。[①] 实际上，在对外政策的相关学术著作中，针对前三种工具进行探讨的论文和其他资料可谓汗牛充栋，而有关“经济外交”的论述却只有一篇经典文献，即大卫·鲍德温（David Baldwin）的《经济外交》（Economic Statecraft，1985）。不过，鲍德温并未对术语“经济外交”给出一个唯一的且内涵完备的概念。尽管如此，如果将鲍德温有关“外交”和“经济”的论述相结合，我们还是可以得出一个定义：经济外交是指，政府通过利用“以货币计量的、以市场价格合理表现”[②] 的资源影响国际社会其他成员的努力。鲍德温提到货币计价是为了将经济外交和其他类型的“外交”（比如用非金钱方法

① 括号中的内容为本书作者注。

② 见Baldwin（1985：30）。

说服和威压性质的军事外交）区分开来，而与此同时又可以尽可能多地把各种可称为“经济”的手段列入经济外交的范畴。

在第二次世界大战之后，随着商品和服务贸易的迅猛增加，“经济外交”变得越来越重要。巨大的贸易额促使政府——主要是（但不仅仅是）美国政府——在无法运用战争手段的情况下，把对本国“从他国进口什么产品、向他国出口什么产品”的控制力作为影响其他国家政府的手段。

经济外交与对外经济政策（foreign economic policy）是不同的。前者是指使用经济手段达到经济方面的或非经济方面的目的；后者是指使用经济或非经济手段达到经济方面的目的。[①] 所以，对一国实施贸易制裁以促使该国停止某个武器开发计划应被归类为经济外交，而不是对外经济政策。但是，中止与某国的外交接触——一种非经济干涉，以抗议其对进口设置障碍，应被视为对外经济政策，而不是经济外交。对我们而言，这种区分非常重要，因为在此我们将对“运用经济手段为经济的和传统的对外政策目标服务”这一方面给予特别关注。

经济制裁，尤其是贸易制裁，是最常用的也是被广泛研究的经济外交工具。麦恩·奥沙利文（Meghan O’Sullivan）在《智慧制裁》（Smart Sanctions，2003）一书的“制裁文本新约”部分，将制裁定义为“为实现对外政策目标而有意停止正常贸易和金融联系的行为”[②]。不过，为达到外交目的而进行制裁，其有效性常常在政策制定者和学者中引起激烈的争论。如同我们将在本书第 3 章“资本市场制裁”中看到的，人们在赞赏所谓“成功的制裁”时，常常完全不考虑是否真的通过制裁达到了目的。而在旁观者看来，制裁的成功也就仅仅表现为发出了一个非暴力信

---

① 这一区分与 Benjamin Cohen（1968）和 Robert Pastor（1980）关于“对外经济政策”的理解是相符的。

② 见 O’Sullivan（2003：12）。

号，表明在政治上感到不快以及将来有通过采取进一步措施进行施压的可能性，这些都只是具有象征意义而已。但是，一旦把是否达到最终目的作为评判标准，我们就会发现，奥沙利文的说法几乎代表了近20年来的学术研究成果。也就是说，她的案例分析“不仅证实了长期以来人们普通预期的结论，即多边经济制裁是最有效的施加经济压力的方式，而且还进一步表明，即使只是有选择性的、有限的多边制裁也比全面的单边制裁效果要好”①。

然而，贸易并非国与国之间唯一的经济联系方式。虽然“对国际贸易施加影响”长期以来是、并将继续是一个重要的政治目标及政治工具，但是另一种类型的国际经济交易，如跨国投资和出售金融资产，比如债券、股票和衍生产品合约等，在过去的20年里已成为在宏观经济意义上和政治考量中都极为重要的形式。金融资产交易的增长速度远远超过了传统贸易的增长速度。现在，每天跨境资金流动值近2万亿美元，其中约90%与国际商品及服务贸易无关，而这与20世纪70年代的情况正好相反，当时有90%的资金流动与贸易有关。②

从美国的国际收支平衡表上我们可以清楚地看出商品及服务贸易与金融资产交易重要性的相对变动。如果把美国进出口总额（经常项目）和美国购买外国证券及向外国出售美国证券的总额（资本项目）绘制在一张图上（如图1所示），我们就会发现，从20世纪80年代中期开始，后者的增长速度比前者要快很多。

为什么威利·萨顿（Willie Sutton）要抢银行？因为那里是放钱的地方。这个问题的答案恰好回答了为什么政府越来越倾向于将银行和其他金融机构作为对外政策的目标和工具。到了20世纪90年代中期，随

① 见 O'Sullivan（2003：300）。其他著名的制裁文本撰写者有 Hufbauer 等（1990）、Elliot 等（即将发表）和 Haass（1998）。

② 见 Cronin（1999）。

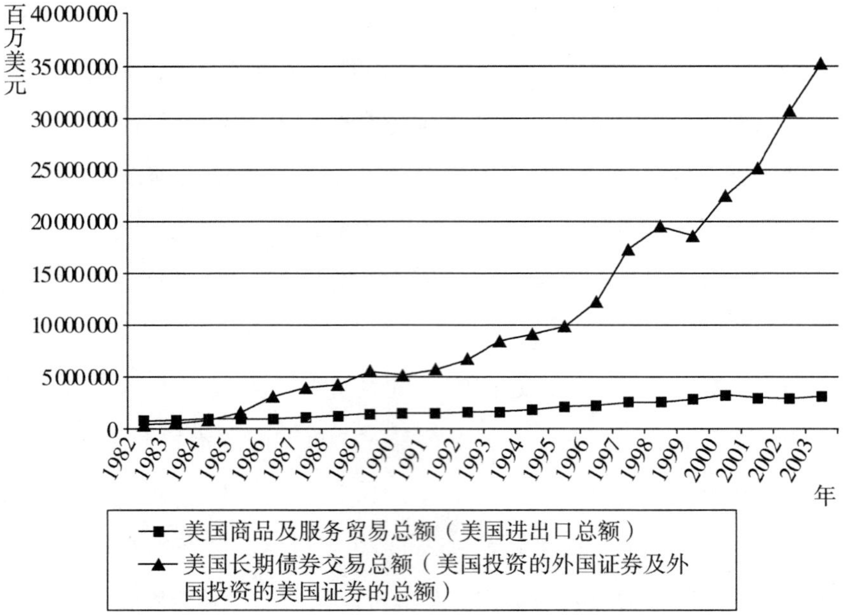

图 1　美国商品及服务贸易总额与长期债券交易总额

资料来源　经济分析局；美国财政部。

着资金流的重要性越来越大，经济外交的范围也相应扩大了（因为政治变化一般要适应经济的变化）。克林顿政府和国会的共和党人（克林顿政府的反对者）都开始关注怎样控制金融机构、金融工具和金融市场行为，以使它们服务于对外政策。不过，朝野两党常常得出截然不同的结论。

于是，到了该问一问什么才是我们所说的“金融外交”（financial statecraft）这个基本问题的时候了。金融外交是指经济外交中旨在影响资本流动的方面，诸如利用金融机构以达到某些对外政策目标。那么，美国政府是如何实践金融外交的呢？这些努力在多大程度上是有效的呢？怎样能使它们更为有效？这些就是本书要讨论的核心问题。

为了说明金融外交的性质及其与经济外交的不同点，我们将在表 1 中对经济外交的一些传统形式与较晚出现的金融外交的相应方面进行对照。

表 1 **经济外交与金融外交的比较**

经济外交	金融外交
贸易优惠、关税、配额	确保或限制资本流动
对某些国家进行贸易制裁	对非国家实体实施金融制裁
在他国发生干旱或其他灾害时给予国际援助	在他国发生货币危机时承销该国债券
地区贸易协议	货币联盟或美元化

在性质上，表 1 中右侧的项目与左侧的项目是不同的。表 1 中右侧的项目明显比左侧的项目更具有政治敏感性，或者说“对主权有更多的侵犯”。具体而言：

（1）与贸易流动相比，资本流动的影响要迅速和剧烈得多。而且，资本流动不仅会影响一国货币相对价值的波动，还会影响一国经济和政治的基本状况。

（2）外国公司常常因与被美国制裁的国家有业务往来而受到金融制裁的威胁。这种情况总是会受到外国政府的强烈反对，因为它们认为，这是明显的敌对行为，而且是在领土管辖权外非法地行使权力。

（3）对负债的外国政府进行救助，所附加的苛刻条件通常会引起世界各地的反对声；而与此同时，还会有人谴责说救助在国际贷款过程中引发了道德风险。

（4）废止本国货币会使得本国政府将大部分的经济控制权转让给外国。该过程是一个不可逆转的进程；一旦逆转，就必然会造成严重的经济和政治混乱。

简言之，与传统的经济外交相比，金融外交所要下的“赌注”更多，在对外政策方面的挑战更大，也更复杂。并且，政策制定者常常会在对金融市场运作不是很了解的情况下运用金融外交工具，致使所采取的政策和行动不够合适，甚至使原本希望解决的问题越来越激化。事实上，不论是金融外交本身，还是它与资金流动增长的关系，学术界都还没有进行过系统的研究。

我们希望通过本书填补上述空白，这一目标兼具实际性和操作性。本书致力于说明资金流动与传统对外政策关注点之间的关系，及美国政府试图通过约束金融市场和金融机构来为对外政策目标服务的方法。本书同样致力于提出改进（有时候是非常剧烈的改进）的建议。我们认为，金融外交的许多方法——有些已经被采用，有些尚未被采用——都是基于一种危险但却广泛存在的错误认识。事实上，金融外交取得过一些成功，但更多的是失败。这是因为在特定的情况下，金融外交究竟能在多大程度上取得成功是有其内在限度的。在那些政府可以有效检验金融外交限度的领域，我们会给出具体的建议；而在那些不能有效检验金融外交限度的方面，我们会建议其不要做这样的尝试。

本书的第一部分，即第 1 章至第 3 章，将就金融外交的微观层面进行探讨。这几章的关注点是金融市场上的特定机构。在过去的 30 年里，美国政府一方面鼓励并且帮助美国金融机构在海外进行商业活动，另一方面又对它们加以限制。这两种政策有时候交替实行，有时候又同时实行。实际上，在对金融机构的政策态度上，政府一方面受重商主义的影响，被利益驱动着，另一方面又害怕金融机构因全球战线拉得太长而造成风险过大，如今还要考虑哪些人是在“全球战争”中需要打击的目标，比如毒贩和恐怖分子。在 20 世纪 90 年代，随着美国股票和债券市场融资的迅猛增长和国际化，将“禁入美国资本市场”作为美国经济制裁方法之一的呼声日益高涨，其中不乏一些极具影响力的人。我们认为，在做出这一努力的时候，人们有必要重新对“金融市场是如何运行的”和“为实现对外政策目标所做的此类努力是否划算”这两个问题做出深刻的认识。

本书的第二部分，即第 4 章至第 6 章，将对金融外交的宏观层面进行探讨。这几章的关注点是资本的跨国流动。由于世界上越来越多的国家选择进入处于萌芽状态的受美元支配的全球市场进行筹资，因此国家范围内或区域范围内的金融危机变得越来越普遍。我们将论证，这种新情况给美国对外政策带来了相当大的新挑战。因而，关于政策的新思考是有必要的。新的观念体系中应该包括这样的观点，即如同美国的一个地区从另一个地区输入资本，一国政府或公司在世界范围内持续地输入大量资本，也是出于相同的合理的经济考虑。但是，如果一国的货币在其境外不被接受，则资本输入会导致该国的资产负债表出现危险的“货币错配”（currency mismatch）。所以，如果没有政策（尤其是与货币直接相关的政策）上的重大改变，金融危机就会继续在这些国家发生，也同样会在美国发生。

金融市场的运作通常很复杂，而且它对一国的经济表现和政治体系有着越来越重要的影响。这就是为什么对本书重点关注的那些问题进行探讨和争论是如此重要。我们的有些分析可能会引起争议，而且有些分析从表面上看，甚至是与直觉相反的。需要特别指出的是，在阅读本书的过程中，读者将会发现权衡和折中是金融外交的固有属性。金融外交是如此复杂，在很大程度上是因为如今的跨国资金流动是如此之快，而金额又是如此之大，与此同时主导这些资金流动的机构又是如此难以引导——常常像试图点燃水银那样困难。而且，引导金融市场为对外政策目标服务，有可能造成在国内和海外的经济成本的加大，这在过去某些时候也确实发生过。鉴于所有这些原因，使用或是拒绝使用金融外交工具，这其中的智慧实难在这本薄薄的小书中完全说明白。

尽管如此，在已经发生的每一个个案中，对成本收益的计算能够而且应该比发生时清楚得多。在可能的情况下，可以通过改变政策制定过程来改善成本收益；在无法改变政策制定过程的情况下，应该去改善政策制定过程产生的结果。这就是本书的目的所在。

第一部分

银行和炸弹

第 1 章　银行业与对外政策

赢得一场战争是一个国家的领袖所能遇到的最为不朽的挑战。对于亚伯拉罕·林肯而言，美国内战带给他的最大麻烦是如何为这场战争进行融资。[①] 起初，时任财政部长的索罗门·蔡斯（Salmon Chase）采用了 17、18 世纪时欧洲君主曾使用过的方法，向国内银行发行了 1.5 亿美元的债券。但由于这些债券随即被卖给了英国的银行，因此，这一做法将北方置于同情南方的强国的掌控之下。林肯因而调整了方针，并沿用蔡斯的建议，于是成功地将国内银行卷入战争。1861 年 12 月，林肯向国会提交了《国民银行法》，要求国民银行至少保有相当于其资本金的 1/3 的国债。1863 年，国会批准了该法案。[②]

正如我们在本章及后续章节所见到的，直到今天，银行依然被政府作为战争融资和实施对外政策的工具。进入 20 世纪 80、90 年代，随着银行

---

① 见 Baumol（2003）。

② 另一方面，《国民银行法》具有划时代的意义。1863 年以前，除了美国第一银行和美国第二银行外，其他的银行都由州一级政府注册许可。到美国内战爆发时，全美有7 000多家州银行，每家银行都发行自己的银行票据，而这些票据在其他州很难流通。为了统一货币，《国民银行法》要求对州银行发行的票据予以征税。

业全球化的真正实现，银行本身也成为了对外政策的目标，这一目标是在促进风险控制、可疑客户监控和有序跨国竞争的国际金融监管旗号下实现的。与此同时，政府又经常致力于推动银行（或其他金融机构）在国际监管和贸易活动中获取更多的“狭隘利益”（narrow interests）。这必将产生多重结果。

1.1 银行、石油输出国组织（OPEC）和石油美元再循环：新金融外交的开端

在第二次世界大战后的经济史中有些年份很重要，1973 年无疑是其中的一个，因为在这一年廉价能源时代结束了。由于美国在 1973 年 10 月的“赎罪日战争”中支持以色列的举动激怒了 OPEC 中的阿拉伯国家，因此它们禁止成员国向美国出口石油以及大量削减石油产量。供应的减少导致石油价格从战争前的 3 美元/桶猛涨到战争后的 12 美元/桶。当时有人估计，石油价格的上涨使得美国石油类产品的成本增加了 370 亿美元，[①] 也相应地导致了其他能源价格的大幅上涨。这使得美国及世界上其他石油进口国深受其害——滞胀，即低增长与高通胀并存。

OPEC 国家则大获其利。1972—1974 年，OPEC 国家石油出口收入由每年 140 亿美元增加到 700 亿美元。到 1977 年，OPEC 国家石油收入达到 1 280 亿美元。[②]

OPEC 国家如何处理这些巨额现金呢？在 1981 年，它们将 3/4 的剩余资金投入到工业化国家，其中仅美国就占 1/4。[③] 沙特阿拉伯政府在接受

① 见 Perry（1975：2223）。

② 见 Cohen（1981：7，32）。

③ 见 Spiro（1999：57）。

美国政府官员的秘密拉拢后，将部分资金用于购买美国国债。[①] 这样的结局具有讽刺意味，因为 OPEC 国家的石油减产和提价主要是针对美国的。OPEC 国家剩余的石油利润也大部分流入了美国和其他国家的银行。

这些银行又是如何运用 OPEC 国家的石油利润的呢？美国经济深陷萧条，主要是因为 OPEC 的石油提价，很多消费者和企业都不愿贷款，很多人都存在可疑信用记录。对于大公司这样最安全的借款人而言，它们能不断向养老基金、保险公司等大型机构直接发行商业票据（一种短期债券），而不必以更高的成本来向银行借款。那么，银行究竟如何运用这些资金呢？

一个简单的答案是银行再次发现可以向欠发达国家（LDCs）放贷，这些国家的政府较为特殊。之所以为“再次发现”，是因为从经济腾飞到大萧条时期，欠发达国家曾经一直是美国债券投资者所青睐的地方。无疑，这些投资并未获得好的回报。而新一代银行家并未经历过那段萧条时期，对于当时的情景他们没有切身体会，因此准备再次向欠发达国家提供贷款，以期获得更高的利差收益。

史料显示，有些政府官员向银行提出了善意的建议，甚至施加了些许压力要求他们向欠发达国家提供贷款。这些官员担心如果金融机构不将 OPEC 的石油利润“再循环”（recycle）到发展中国家，不仅对这些国家不利，而且对美国及其他工业化国家（这些欠发达国家的出口国）也不利。当时的福特总统的经济顾问委员会成员比尔·塞德曼（Bill Seidman）在他离职后坦率地承认：“整个福特政府，包括我在内，都告诉大银行将石油美元再循环到欠发达国家是十分有益的，这甚至是一种爱国义务（在原文中被强调）。”[②]

---

① 时任财政部长的威廉姆·西蒙（William Simon）签署了一份秘密文件，允许沙特阿拉伯中央银行无需通过正规的政府审查程序即可购买美国国债。见 Spiro（1999：x）。

② 见 Seidman（1989：38）。

于是，美国的银行开始向欠发达国家（尤其是拉丁美洲国家）大量放款。到 1982 年中期，美国的银行对南美各国拥有债权达 825 亿美元，占当时美国银行业对外债权的 1/4。[①] 其中，仅美国九大银行所提供的贷款就接近贷款总额的 2/3。[②] 尽管有些政府官员极力鼓吹这种做法，但还是有很多人对银行这些发放给欠发达国家政府的巨额贷款表示担心。国会于 1975 年开始就 LDCs 贷款问题召开听证会。1977 年参议院小组委员会提交了一份关于对外关系的报告，公开表达了对欠发达国家政府的银行贷款的担心，报告认为这些贷款威胁了“美国银行业乃至国际金融体系的稳定”。[③] 当时的美联储主席亚瑟·伯恩斯（Arthur Burns）甚至也在 1977 年 4 月批评美国的银行向欠发达国家政府提供了过多的贷款。[④] 但是白宫却未将伯恩斯（和国会）的担忧纳入考虑。国家乃至世界的经济需要胜过了对银行安全的担忧。就像塞德曼之前所承认的，“我们没有看到未来将要遇到的巨大麻烦。我们只看到了贷款给我们的工业和财政所带来的短期收益，但却忽视了对长期影响的考量”[⑤]。

银行对这些警告也置若罔闻，它们继续向欠发达国家政府提供贷款。1978 年年末，石油商趁伊朗内乱之机，把价格助推到 40 美元/桶，再次

① 银行向急需贷款的发展中国家（如石油净进口国）发放贷款，可能并非很正确。这一判断是建立在当时所做的一个大量的银行贷款统计分析基础上的，见 Spiro（1999）。Spiro 的研究报告显示，在石油净进口国和银行信用之间“没有太多联系”。相反地，当发生石油美元再循环的时候，往往是由于工业化国家以及少量 OPEC 国家的政府提供了帮助。

② 见 Cohen（1986：208）。

③ 见美国参议院对外关系委员会（1977：5）。

④ 见 Burns（1977）。

⑤ 见 Seidman（1989：38）。

造成了石油价格骤增。[①] 第二次石油价格震荡不仅极大地影响了美国经济的发展，而且给20世纪70年代末经济开始复苏的进口石油的发展中国家造成了打击。伴随着石油价格高涨的是欠发达国家政府新一轮的巨额资金需求，他们除了再向美国银行求贷之外别无他法。

而美国的银行仍然乐意为之。到1982年，美国九大银行已经给发展中国家共提供了830亿美元贷款，其中仅拉丁美洲国家就有510亿美元。这些银行对欠发达国家贷款总额已经超过其资本金——股东权益和未分配利润，二者几乎达到3∶1的比率。

当时，并没有证据显示银行受到来自政策制定者的压力。相反地，监管机构却强烈警示银行关注其贷款风险。1979年，美联储主席保罗·沃尔克（Paul Volcker）就开始担心，正在上涨的石油价格会导致部分已经到期的欠发达国家贷款的还贷时间将要被重新安排。[②] 1981年，很受沃尔克尊重的美联储同事亨利·瓦利奇（Henry Wallich，前耶鲁大学教授），极力敦促监管机构限制银行向欠发达国家政府发放贷款，因为这将使得核心银行的资本处于极度的危险之中。[③] 甚至连《华尔街日报》的编辑也撰文表示担忧："欠发达国家累积了近5 000亿美元的债务，这些债务极其危险，将会引起一系列连锁反应——国家违约，银行破产，最终是和20世纪30年代一样的大萧条。"[④]

但是，就像他们之前听到警告时的态度一样，银行家对这些风险警告充耳不闻。全球著名银行家之一花旗集团主席沃尔特·瑞斯顿（Walter

---

① 在此之前，由于OPEC国家控制石油开采量而造成全球石油价格缓慢上涨，但1979年石油价格的暴涨不仅仅是OPEC的原因。石油公司和石油买家担心伊朗革命会加剧中东地区的动荡，导致石油禁运和原油停止供应，于是纷纷加速购买石油加以储备。购买潮进一步加剧了价格的上涨。

② Grant（1980：7）援引。

③ 见Wallich（1981：8~14）。

④ 见《华尔街日报》（1981）。

Wriston）将其原因归纳为“国家不会破产”。[①] 而且，尽管第二次石油价格震荡致使全球陷入经济萧条，但瑞斯顿却仍对欠发达国家的经济前景保持乐观：“我们正看着发展中国家终于一个个地摆脱了贫困的怪圈，他们绝不会令人失望。我对发展中国家在本世纪剩余时间中的发展前景充满信心。”[②]

如他所料，一些发展中国家，尤其是中国和印度，最终证明了它们极具发展前景。但是在短期内，瑞斯顿于 1981 年所发表的言论却不合时宜。1982 年，墨西哥这个大的石油出口国宣布它不能按照最初的条款来履行还款义务。其他的债务国很快宣布它们也面临着同样的问题。如果在此之前还未意识到此点，那么现在事情很清楚：银行面临着发展中国家的债务危机。

美国最大的银行很快开始采取一切措施来削减它们对发展中国家的贷款头寸，它们不愿在其财务报表中公开确认这些贷款的潜在损失。它们如果这么做，将不得不大量增加贷款损失准备金，甚至直接核销部分贷款。不管采取哪种方式，都无一避免地会减少未分配利润甚至股东权益。市场通过银行股的大幅跳水反映了投资者的悲观预期，但是银行家和监管者却依旧相信未来几年内贷款能够得以偿还。这种想法也反映在银行的财务报表中，银行依旧基于贷款的账面价值来报告其股东权益，而实际上这些股东权益的市场价值已经大打折扣。

在 20 世纪 80 年代的剩余年份内，银行和发展中国家政府都在不断谈判。银行既不愿意提供新贷款，也不愿意减免已经到期的贷款。1987 年，银行不得不为大量的 LDCs 贷款提取巨额的损失准备金，此举最终将银行

---

① 瑞斯顿的一个著名观点是：国家“拥有的（资源和生产能力）总比它们所欠的多”，并且因此与商业存在根本性的区别。该观点经常被引用。

② Greider（1987：436）援引。总体来看，发展中国家债务国的 GDP 持续下降，平均下降幅度在 1981 年为 1%，在 1982 年为 2.5%，在 1983 年为 4.8%。见 Sachs（1986：400）。

在谈判中的弱势地位暴露无遗。1989 年，美国财政部长尼古拉斯·布雷迪（Nicholas Brady）建议，对发展中国家予以援助，通过债务交换以缓解债务危机，这也是很多经济学家（诸如杰弗里·萨克斯等）一直以来所力推的主张。

总之，美国政府从 20 世纪 70 年代中期希望利用美国的银行来“拯救全球经济”，到 20 世纪 80 年代末期迫使这些银行自咽无节制放款的苦果，政策立场发生了 180 度大转弯，由最初的推动国外贷款转变为最终的限制贷款。

1.2 银行资本的重要性

银行与其他类型的企业不同。典型的非银行类公司资产来源于负债（银行贷款或债券）和权益（股东或所有者的资本金和利润留存）。典型的非银行类公司的负债都有固定到期日：直到贷款（或债券）到期，出借人才能收回资金。

银行的情况却不一样。实际上，银行的所有资金几乎都来源于存款人，存款人为了安全及交易便利将钱存在银行。很多银行的大部分存款都是活期存款，这意味着存款人能够随时提取其存款。相反，银行所拥有的大部分资产——贷款则不具有流动性；贷款到期前并不能转化成现金，甚至当贷款到期时，若借款人暂时无力偿还，贷款还需展期。

简言之，银行的经营伴随着期限错配：负债（存款）的到期时间一般比资产（贷款）更短。正常情况下，银行能够适应这种期限错配，因为在既定的时点上取款的人只是一小部分。这使得银行能够安全地将大部分存款以更长的期限贷给借款人。银行正是利用这一原理而较非银行企业更大地受益于财务杠杆。在银行业极为普遍的是，银行的股东权益低于其资产的 10%，这一比率远远低于典型的非银行企业。利用这一杠杆，银行即可赚取存贷利差，而不必在经营中动用其所有者权益。

但是考虑到金融体系的整体安全和稳健运行，银行保持一个最低的资本金比率十分重要，或者说是“与其切身利益挂钩”；否则，经济萧条时期不良贷款大幅上升，将有可能导致银行破产，即银行资产不足以抵补其所欠存款。如果政府向存款人提供保险，则这种风险尤其令人担忧。美国在大萧条时期建立了存款保险制度，最近几年其他一些国家也开始建立这种制度。在这种情况下，存款保险机构实际上成为了银行弥补其资本金损失的来源。基于此，银行就可以承受过度的风险，而一旦出现损失，将由存款保险机构来弥补。这就是 20 世纪 80 年代在美国发生的储蓄贷款协会危机的教训。20 世纪 80 年代初期，那些实际上已经破产的储蓄贷款协会机构依然被允许经营。这些机构为了复苏而进行博弈：如果那些高风险、高利率的贷款得以偿还，则股东会受益；但如果贷款变成不良资产，无法收回，则政府——归根结底是纳税人——会受到损失。在这次事件中，美国的纳税人最终为这些高风险的不良贷款支付了约 1 500 亿美元。

因此，政府必须以某种方式对银行或其他存款机构进行严密的监管。在美国，州和联邦政府（取决于哪级政府颁发执照）对银行的监管方式有两种：一是限制其经营范围（包括其附属机构）；二是要求银行资本不得低于其资产的一定比率。

1.3 金融外交中的金融监管

监管机构最初对每一个银行分别监管其资本/资产比率。[①] 到 1980 年，这种情况开始改变。当时，美国的三大银行监管机构——联邦储备委

---

① 此外，至少在原则上，监管者检视银行的账户状况，尽量确保银行特定贷款占比合适，且银行提取了足额的坏账损失准备。

员会、联邦存款保险公司、货币监理署联合发布了资本/资产比率的规定，要求各银行遵照执行。[①] 但国会没有批准这一规定，因为它希望采取更为严厉的制度。因此，1983 年国会颁布了《国际贷款监管法》，该法案要求监管机构设定资本标准，要求各银行强制执行。

事实上，在未能确保国内银行公平参与国际竞争之际，国会不希望监管机构设定新标准，当时的美联储主席沃尔克也认同此举。虽然沃尔克此前承认，政治上的考虑使美联储难以控制银行向发展中国家发放过多贷款，[②] 但他还是硬撑着告诉国会"我不能把监管重点完全放在提高美国银行的竞争力上"（在原文中被强调）。[③] 国会的顾虑不是没有根据的。1973—1978 年，在美国运营的外国银行增加了一倍多，从 60 家增加到 122 家，这些外国银行的总资产从 370 亿美元增加到 900 亿美元。[④]

尤其令监管机构担心的是，在美国的日本银行竞争力不断增强。1980 年以前，在美国的外国银行主要是欧洲国家的银行。但是，进入 20 世纪 80 年代以后，日本银行开始大举进入美国。1988 年，以总资产计，全球前十大银行都是日本银行。到 20 世纪 90 年代初，日本银行发放的贷款占美国消费和工业贷款的 18%。[⑤] 日本银行何以发展如此之快，原因之一是日本的银行监管机构对银行的资本监管更为宽松。日本的银行监管机构不仅对日本银行的资本/资产比率的要求低于其他国家，而且允许银行将所谓的"隐藏准备金"（hidden reserves）计入资本。隐藏准备金是指银行持有的股票在市场上增值的那部分价值。美国银行监管机构不允许银行将隐

---

① 当时的指导比率为小银行 6%，地区银行和大银行 5.5%。重要的是，17 个最大的跨国银行例外——它们不仅无法达到指导比率，而且必须在衰退期内增加资本或减少贷款，进而加剧了萧条。

② 沃尔克的话曾被引用来说明这一结果，见 Grieder（1987：439 ~ 440）。

③ Steil（1994）援引。

④ 见 Cooper 和 Little（2001：16 ~ 23）。

⑤ 见 Peek（1999：1）。

藏准备金计入银行资本，因此美国的银行在市场竞争中处于明显的不利地位。最大的几家美国银行拥有大量的未到期 LDCs 贷款，这一情况于它们的市场竞争相当不利。显然，游戏规则很不公平。

对公平竞争的诉求促使银行资本监管朝着国际化方向发展，这实际上是一种新的金融外交形式。美联储及英国中央银行——英格兰银行共同推动了这一进程，当时这两家监管机构都很关注银行资本的监管问题。一个关于银行资本标准的新的以风险为基础的监管体系由此诞生。新的体系不再简单地要求银行资本必须达到其资产的某一固定比率，而是须根据资产的风险程度，将资产划分为不同的类型，给不同类型的资产赋予不同的风险权重，继而要求银行资本不得低于风险加权资产的最低比率。其中，资产包括无风险资产，如富裕国家的政府债券（OECD 国家政府发行的债券），这类资产的风险权重为 0，而大多数其他贷款的风险权重为 100%。基于对新体系的高度期望，两国监管机构于 1986 年就这一新的以风险为基础的监管体系达成一致意见。

美英银行业资本监管协定的成功签署，增强了美联储及货币监理署加强国际监管协作的信心。它们极力期望将其他富裕国家（尤其是日本）纳入这一协定中来，而隶属于国际清算银行的巴塞尔银行监管委员会（简称巴塞尔委员会）正好可以被用来实现这一期望。当时，该委员会也正在考虑建立一套以风险为基础的资本监管体系。

巴塞尔委员会成立于 1974 年年末，由全球最富裕的 13 个国家的中央银行组成，旨在协调国际银行业的监管工作。德国赫思塔特银行（Bankhaus Herstatt）的经营失败促使巴塞尔委员会成立。当时，赫思塔特银行的一些交易对手于该行倒闭当天不可撤销地把应付的马克付于赫思塔特银行，但美国市场因刚开市还没收到应收的美元。由于赫思塔特银行的倒闭，它的美元代理行终止了所有赫思塔特银行的对外美元付款。这次事件对当时的支付结算系统产生了连锁的负面作用，问题更因美国系统的多边净额结算性质而快速蔓延。赫思塔特银行的倒闭推动了银行业的国际监管。

由于美国和英国已经签署了美英银行业资本监管协定，因此巴塞尔委员会直接采纳了该协定中的大量内容作为其监管方案。1988 年，巴塞尔委员会达成了一套以风险为基础的资本监管协定，该协定设立了四个不同的“风险等级”或风险资产分类，用 0 ~ 100% 的权重来衡量资产的相对风险状况。对于美国而言，这一资本监管协定的最大成就也许是迫使日本不再允许该国银行将隐藏准备金计入资本。① 然而，正如我们即将看到的，这一成功仅仅是暂时的。

1.4 金融监管作为金融外交手段的局限性

尽管巴塞尔协议（Basel Capital Accord）在当时得到了很多评论家和富裕国家银行业的赞赏，但实际上，该协议存在较大缺陷：在面临最佳情况时，该协议无法在实际需要时发挥作用；在面临最坏情况时，它还可能造成不良影响。②

第一个问题很快浮出水面。1988 年年末，巴塞尔协议刚刚签订完毕时，美国和世界上其他一些主要国家开始陷入经济萧条。即使没有该协定，银行基于其经济状况也会采取稳健的贷款政策。而在新协定下，银行在贷款方面的谨慎近乎于荒谬。③ 问题的根源在于，这一新的以风险为基

---

① 1988 年巴塞尔协议适用于成员国所有的跨国银行。美国更是进一步要求国内所有银行都执行巴塞尔协议，同时废止了 1985 年开始执行的标准。

② 这一论述近似于对巴塞尔协议的批评，见 Tarullo（即将发表）。

③ 关于巴塞尔协议的风险权重体系对银行贷款的真实影响一直存在争论，见 Hall（1993）。当然，银行在 1991—1992 年萧条时期购买国债的确是因为贷款需求减少，但银行显著增加国债购买量显示，巴塞尔体系偏向于将购买政府债券纳入其中，进而推动了银行增加购买国债而减少贷款。

础的监管协定对银行所持有的政府债券无相应的资本要求，而对于绝大多数贷款都要求4%的“一级资本”[①]与之相对应。为了适应这种监管要求，美国的银行纷纷减少贷款而增加持有政府债券。1989—1992年，银行持有的政府债券在其总资产中一度占比近50%。这种情况极大地打击了当时的融资体系。

巴塞尔协议存在的另一个问题甚至更为严重。协议主要是利用资本充足率来衡量一家银行的倒闭风险，但这一比率的计算方法过于简单，只是将银行不同风险等级的资产与其对应的风险权重相乘，求出该部分资产所需要的资本，然后求和即得出所需的总资本。这一计算方法忽略了一个基础的金融理论：分散投资有利于资产组合。也就是说，当组合中一种资产价值下降时，另一种资产价值可能上升。在一个分散化的资产组合中，组合的真实风险可能远远低于组合中各个独立资产风险的简单加总。

此外，巴塞尔协议中的风险权重具有一定的主观性。协议没有深入分析不同类型的消费贷款及商业贷款的风险差异，只是想当然地认为发展中国家的贷款风险更高，而某些OECD成员国，如墨西哥，其贷款在银行资产中被划分为风险最高类。这一不足有可能使得一些拥有大量高风险贷款的银行与那些拥有较低风险资产组合的银行保持相同的资本金水平。这不仅不公平，而且不利于银行的精细化管理。

巴塞尔协议最根本的不足在于，该协议未能明确如何界定及计算不良贷款，即借款人未能按时偿还本金及利息的贷款。这不单纯是一个技术问题，更是一个巨大的漏洞。基于此，除非银行财务报表上贷款的账面价值反映了其真实价值，否则银行的资本无法得以准确计量。如果财务报表中的数据未能充分反映其贷款业务的损失，那么银行很有可能夸大其盈利及资本，以此掩盖资本不足。允许采取这种会计处理的国家将存在更大的银

① 一级资本由所有者权益和未分配利润组成。

行倒闭风险，而不允许采取这种会计处理的国家又使得它们的银行处于不利的竞争地位。因此，巴塞尔委员会遭遇两难境地。

在巴塞尔协议笔墨未干之际，这个问题已然浮出水面。其导火索正是1989年日本的股市、楼市泡沫破灭。由于日本银行业大量的贷款是由房地产抵押贷款支撑的，因此很多这类贷款可能无法得到足额的偿还。① 无论采用何种市场检测方法，与资本监管要求相比，日本主要银行中的绝大多数其资本都不足，甚至为零，因为它们无需计算不良贷款，即可掩饰资本不足。就像20世纪80年代美国监管机构一样，日本监管机构也担心如果严格执行资本标准，对不良贷款采取更为严格的要求，必将导致很多银行破产。因此，日本监管机构采取了其他措施，以期土地价格、股票价格和经济活动得以快速复苏。②

但是经济复苏并没有很快到来。日本的经济、股票市场以及房地产市场的持续萧条贯穿了整个20世纪90年代。很多日本的银行都已经破产或接近破产，无论是日本银行（中央银行）还是大藏省都不愿正式承认这一事实，也不愿承认日本几家最大的银行面临倒闭的压力。取而代之，几乎在整个20世纪90年代，日本官员都鼓励那些大而脆弱的银行采用温和的手段兼并其他银行，以便巩固经营并节省少量成本（合并后的银行不裁员）。与此同时，政府官员继续鼓励银行向那些经营困难的公司贷款，以避免整个国家陷入破产浪潮。最终，日本监管机构迈出了值得称赞的一步，既加强了对银行业的监管，又迫使银行承认了巨额不良贷款损失，只是此前日本经济已遭受了巨大的破坏。

日本不是唯一的在发生危机时寻求其他解决之道的国家。巴塞尔协议

---

① 美国国家经济研究局（National Bureau of Economic Research）的一项研究显示，20世纪90年代日本的不良贷款问题是金融机构在20世纪80年代末过多地向房地产商提供贷款和对房地产行业进行投资的直接后果。见Dinc和McGuire（2003）。

② 欧洲银行同样担心20世纪80年代和90年代破产的国内银行。

签订以后，法国和德国的监管机构继续允许国内一些较大的银行在经营困难时期，以不足的资本充足率来维持运营。相反，其他一些国家却采取了更为严格的监管政策。例如，从20世纪80年代末到90年代初北欧国家房地产价格暴跌导致银行破产，而政府对这些银行进行了国有化。美国在经历了20世纪80年代初期的储贷协会危机后，最终关闭了破产的银行或者将其出售给私人买家。

从以上这些事例中可以清楚地看到，巴塞尔协议的执行与否取决于成员国的具体情况。[①] 时至今日，成员国也是自由决定是否执行巴塞尔协议，而且也没有成员国因未执行该协议而遭受处罚。尽管巴塞尔协议使得银行、企业、媒体以及政府等部门意识到监管资本的重要性，但该协议仍显得苍白无力，并且更重要的是，营造公平的国际银行业竞争环境这一根本目的未能实现。

1.5 巴塞尔协议的修订

为了维护其公信力，巴塞尔委员会承认协议存在一定的缺陷，而且在20世纪90年代初很快开始了协议的修订工作。[②] 然而，在很长一段时间内，巴塞尔委员会都未取得任何改革成果。直到1996年，巴塞尔委员会才颁布了一项重要的改革成果：增加对短期证券的单独资本要求。对于前文描述的协议中所存在的一些基本缺陷，仅仅做出这一项改进是远远不够的。

---

① 如果不能满足协议的要求，各国仍然可以拒绝向外国银行颁发执照，实际上美国一直是这么做的。

② 一个优秀的指南，见Tarullo（即将发表）。一个更具批判性的观点，见影子金融监管委员会（2000）。

1999 年，巴塞尔委员会再次做出努力，着手解决协议中一个主要缺陷：确定四个风险等级中的主观因素。解决意见是根据主要信用评级机构对银行不同类型贷款所评定的信用等级来赋予风险权重。表面上看，这一提案是朝市场化迈进的积极一步，但很快招致各方非议。一些批评人士指出，评级机构缺乏对未预料到的转折点（missing turning points）的记录数据，因此并不能很好地揭示风险。另一些批评人士指出，美国只有三四家主要的评级机构，缺乏竞争性。并且，其他一些国家的此类机构也不多。评论认为，即便该提案得以实施，其在实际执行中也将困难重重。

因此，巴塞尔委员会又重新予以考量，最终在原有协议的基础上提交了两项修订。首先是对银行的操作风险（如计算机网络的突然中断）提出了新的资本要求。其次是允许大型银行采用内部评级体系来评价其贷款风险，在内部评级的基础上评估进而控制贷款风险。这些修订以及后来的其他一些修订都成为了所谓的“新巴塞尔协议（Basel Ⅱ）”的一部分。新巴塞尔协议准备在 2007 年全面施行。

巴塞尔协议的修订戏剧性地说明了原本简单的标准在经过一段时间后会变得极其复杂。协议现在有 400 多页，而且还有大量的数学公式。尽管如此，仍没有一种客观的方式来证明新的标准在控制风险方面更有效。事实上，也许完全相反的做法才是正确的。

因此，关于新巴塞尔协议存在一种担心，即大型银行可能只需准备比它们实际上所需的更少的资本金。这是因为，修订后的协议一旦被采纳，就能允许大型银行利用其内部的信用评级模型来评价其风险，进而得出所需的资本金，其结果就是大银行可以比中小银行更多地受益于资本杠杆，并且因此增加资本回报。① 这也解释了为什么很多跨国银行都支持新巴塞尔协议——尽管内容极其复杂。事实上，一些银行因为持有较低风险的资

① 见 Tarullo（即将发表）。

产组合而只需更少的资本金，但问题在于有些银行利用更低的资本需求来开展较高风险的业务。一项改进措施只能在一定程度上推动银行进行风险控制。这具有一定的讽刺意味，但更为讽刺的是这样一个事实：跨国银行的失败将给国际经济带来最严重的冲击。

即使大银行不得不执行巴塞尔协议的风险标准，但由于大银行能够利用自身的资源来影响标准的制定过程，所以这些风险标准也具有一定的主观性。一个很好的案例是，德国成功说服了该委员会对住房抵押贷款赋予50%的风险权重，这只是很多其他贷款权重的一半。除了德国存在大量的房地产投资外，住房抵押贷款50%的风险权重并无内在逻辑。此外，巴塞尔委员会也考虑到其他国家需要德国留在体系内，尤其是其他国家中央银行对德国联邦储备银行十分重视。但由于接受了德国的要求，巴塞尔委员会也埋下了不公平竞争的伏笔。

尽管如此，内在的不公平仍然不是最大的缺陷。巴塞尔协议最大的缺陷在于，因过于复杂而无法跟上金融创新的步伐。即使在最好的情况下，国内的监管机构也总是比它们所监管的最先进的银行要慢一步。国际监管机构在这方面的差距则更大。对巴塞尔协议的一些最主要的修订意见从提出到成文经历了5年多时间，有些甚至不能完全适用于其他情况。在一个标榜信息和技术快速变革的时代，巴塞尔协议的修订是不符合时代潮流的。

确认了巴塞尔协议的缺陷后，一些国家在金融监管中也融入了自己的方法，因此也就潜在地背离了公平竞争的原则。例如，美国建立了一套广泛的资本监管和强制执行的平行系统。1989年，国会通过了《金融机构改革、修复和强制执行法》（Financial Institutions Reform, Recovery and Enforcement Act, FIRREA）。该法案要求储蓄机构（只能发放住房抵押贷款，但从20世纪80年代初起允许向消费者和商业机构发放贷款，类似于银行）至少维持3%的资本充足率。这一比率仅是用股东权益除以总资产得到的，因此与巴塞尔协议下的资本充足率不同。巴塞尔协议下的资本按照其不同类型被赋予不同的风险权重加权后加总得出。

1991年，美国国会颁布了一部更为严厉的法案——《联邦存款保险公司改善法》（Federal Deposit Insurance Corporation Improvement Act, FDICIA）。该法案要求监管者设立一套新的可强制执行的资本标准。更重要的是，通过建立一套"及时校正措施"[①]（Prompt Corrective Action, PCA），监管机构可以执行资本要求。"及时校正措施"要求监管机构必须采取强制措施来限制资本金低于最低资本标准的银行。监管机构可以暂停银行分红，限制银行管理人员的薪酬，要求这些银行增加资本。而且，当一个银行的资本充足率低于2%（几乎破产）时，监管机构将对银行进行查封、关闭或者出售。

新体制开始运行。到20世纪90年代末，美国一般的银行基本上都达到8%以上的资本充足率（未加权），大大超过了监管机构要求的最低标准。那些曾经总是徘徊在巴塞尔协议所要求的最低资本充足率附近的银行，由于担心受到"及时校正措施"的"关照"，现在也远超了这一最低比率。[②]保持较高的资本充足率还得到了一些新法案的推崇，如1999年颁布的《金融服务现代化法案》（Gramm-Leach-Bliley Financial Modernization Act）。该法案允许那些拥有银行金融控股的公司也可以拥有其他类型的金融企业，条件是银行资本充足。监管机构一度认为"资本充足"是指风险加权后一级资本比率至少达到6%，而且资本占未加权资产之比不低于5%。显而易见，6%的一级资本比率实际上比巴塞尔协议的规定更高。

综上所述，巴塞尔协议尽管有着复杂的风险加权法和各种标准，但美国基本未予实施。从理论上而言，在那些没有自行制定一套监管办法的国家，巴塞尔协议应该得以执行，但这也取决于其监管机构的意愿。很多国

---

① "及时校正措施"是由两个德高望重的金融专家在20世纪80年代提出的，他们敦促银行采用比监管机构最后采纳的资本充足率更高的标准。见Benston和Kauffman（1988）。

② 见Estrella（2004：1469～1498）；Furfine（1999：33～56）。

家在巴塞尔协议的公式基础上，采取了相当严厉的强制措施，甚至运用了“及时校正措施”。相反，很多国家没有采取任何严厉的措施，并将继续无视巴塞尔协议而允许国内银行保持较低的资本充足率。

1.6 确保巴塞尔协议走在正确的道路上

尽管巴塞尔协议存在严重的缺陷，而且各国执行情况也差异悬殊，但各成员国却一如既往地推崇它。银行也尽量认可并遵守该协议，毕竟如果没有特殊原因，银行也不愿得罪监管机构。因为关键人物的弃之不顾，协议的修订工作耗费了太多的时间和政治资源。

巴塞尔协议的最初制定动机很崇高，即为了提高并统一国际银行业的资本标准，但像美国这类的国家还是认为采取单边政策更为有效。尽管如此，只要探索出一条正确的道路，巴塞尔协议不仅依然会取得实质性效果，而且也能实现最初的理想：为世界各国银行业提供公平竞争的舞台。方法很简单，即要求全球主要的大银行回到资本及附属债券对资产的固定比率上来。①

附属债券（subordinated debt）② 是一种长期债务，由债权人持有，但受偿权次于其他有抵押债权人（当借款人违约，可以通过拍卖抵押品获

---

① 巴塞尔协议要求银行的表外业务也需要资本支持，例如担保，其在资产负债表内便没有记录。要求占总资产中最小比例的次级债也能较容易地使用与表外项目相同的调整，这已经成为新巴塞尔协议条款中的内容。由于较小的银行不能以合适的成本来销售如此少量的次级债，市场也未成熟到足以吸收小银行机构发行的次级债，所以我们须将银行的次级债要求限制在一定的资产规模之上（将属于同一控股公司下的几家银行资产合并，从而避免银行通过分拆来规避要求）。

② 一般译为次级债券。鉴于 2007—2008 年发生的美国次债危机影响之广，为区别，本文采用“附属债券”的译法。——译者注

得补偿）和存款人。[1] 附属债券持有人享有固定回报，在债券到期后收回本金。此外，与存款不同，附属债券没有保险。实际上，如果银行倒闭，附属债券持有者将在最后才能得到清偿，这就意味着也许根本得不到清偿。

一旦银行倒闭，附属债券持有者将损失巨大，所以他们对银行经营的稳健性非常关注。此外，附属债券是固定收益，持有者不能从银行的高风险业务中获得超额收益，因此，他们理所当然地会反对银行从事高风险业务。这种反对可以通过两种途径来表达：其一是市场渠道，一家银行的经营情况越不稳定，它所发行的债券利率要求就越高，而购买者要求的利率越高，银行将会发行的附属债券就越少，因此如果银行期望发行更多的附属债券，那它必须向投资者证明其业务经营稳健；其二是信息传递，如果一家银行发行附属债券的利率上升，那么这对于监管者而言就是一个强烈的警示，表明银行的经营状况不佳。由于附属债券持有者具有足够的动力，所以他们比政府监管者更关注对银行的监管。[2]

关于附属债券的批评者认为，投资者无法比监管者掌握更多的有关银行潜在问题的信号，因为监管者可以获得银行的非公开信息。无论这个观点正确与否，都不是问题的关键。较之监管者而言，投资者是否更专业暂且不论，但毋庸置疑的是，他们的积极性更高。正如前文所述，监管者不仅总是容易接受债务偿还展期，而且经常会允许某些存在问题的银行为了扭转经营状况而冒较大的经营风险，尤其是当政府需要的时候。然而，投资者却完全不一样，他们坚决不会纵容银行的冒险行为。附属债券投资者永远不会鼓励银行像20世纪70年代那样不负责任地发放贷款。

---

① 我们不是最早提出次级债要求的人士，在20世纪90年代也有不少学者提过类似观点，其中最为精练的应该是影子金融监管委员会在银行资本改革报告中的提炼。

② 次级债要求应该只对受巴塞尔协议约束的大银行适用，这些银行也有能力按既定的基础来销售这些证券。可能有些大银行对次级债要求并不情愿，但由于巴塞尔委员会成员国发行的次级债利息完全免税（不同于股息，不能免税），这些大银行也会逐步适应。

1.7 贸易和投资政策

尽管巴塞尔协议的修订工作总是受到其监管对象——银行的影响，这种影响本应是规则（即银行应当参考国际标准来制定自己的政策）的例外，但是这种例外却成为了规则本身。在对外贸易及投资政策方面，各种类型的金融机构开始变得越来越重要。全球各地的银行逐渐开始将贸易和投资看作进入外国市场的关键。

贸易政策作为对外投资政策的最初形式，是在胡萝卜加大棒中形成的。大棒是指制裁，即政府出于各种考虑，对从某些国家进口或向其出口的商品采取更为严厉的政策。制裁是一种非常有效的对外政策，但只有在多国同时对某一国实施制裁时，才能避免被制裁国从其他国家获得供给或资金，从而达到较好的效果。最近的研究结果表明，通过多边经济制裁成功实现其对外目标的概率为 34%，而单边经济制裁仅为 18%。① 因此，制裁作为一种政策工具，其有效性取决于参与国的多少。

更为典型的是，运用胡萝卜政策进行贸易谈判，与削减武器储备谈判存在相似性。胡萝卜政策是指如果其他国家采取类似的措施，那么实施关税减让的国家愿意开放市场。此时，关税就像弹道导弹一样——当然，只有在对方国家同样减让时，关税才会减少。第二次世界大战后，关贸总协定（GATT）——现在是世界贸易组织（WTO）——一直致力于在全球范围内削减贸易壁垒。在经历了 8 轮成功的多边贸易谈判后，平均关税从 40% 降到了 6%（尽管一些发展中国家对部分产品仍然维持高关税）。②

直到 1994 年乌拉圭回合谈判结束，各国政府都把主要精力集中在货物

① 见 Hufbauer 等（即将发表）。

② 关税数据来自于 Burtless（1998）。

贸易上。尽管当时货物贸易依然是世界贸易的主要部分，但却只占发达国家出口商品数量的不到一半。服务贸易，包括金融服务，已成为世界贸易中越来越重要的一部分。例如，2003 年美国的总贸易赤字达 4 000 亿美元，但其服务贸易却盈余 660 亿美元。然而，服务贸易中的贸易壁垒在很多方面都存在，其中最主要的是在制度和实践中限制外国公司在本国设立分支机构。实际上，很多公司如果不能在国外设立分支机构，就不能输出其服务产品。这就是为什么《服务贸易总协定》（General Agreement on Trade in Services，GATS）明确地规定，服务类公司享有在其他国家设立分支机构的权利，所在国不得提出异于本国企业的设立标准。GATS 在乌拉圭回合谈判中讨论达成，于 1995 年 1 月正式生效，并于 1999 年开始实施。

发达国家的金融服务公司在敦促政府实施 GATS 方面尤其积极，但确保其设立分支机构的权利只是最初的一步。很多国家实际上保持了更多“屏蔽”体系，政府可以决定某金融机构是否适合在本国开展业务，以及国内市场是否需要该金融机构。后一个条件在市场开放的国家中并不一致，因为它是拒绝其完全进入的理由之一。其他的限制包括对外国公司在所在国开展业务的公司组织形式的限制，对外国公司与本国公司（在多数情况下是控股方）合资的限制，对通过互联网或其他跨国通讯方式处理业务的限制。总之，金融服务公司在多国从业时仍未得到国民待遇，即与本国企业相同的待遇。

基于以上情况，美国的金融服务企业通常会给政府的贸易谈判代表施加压力，希望能在双边贸易谈判中将国民待遇条款写进贸易协议，也希望能够在当前正在进行的世界贸易组织多哈回合谈判中获得普遍国民待遇。[①] 这些企业还不满足于仅仅在法律和实践中获得国民待遇，[②] 它们继

---

① 例如，在美国，服务业联合会、投资公司组织、证券业协会等组织都要求美国贸易代表在各种自由贸易协定（FTAs）和 WTO 中争取更大范围的市场准入。

② 例如，在澳大利亚与美国自由贸易协定中，美国的服务业联合会向美国贸易谈判代表表达了对澳大利亚外国公司市场准入筛选系统的关注。

续给谈判代表施加压力，希望他们在近期的双边自由贸易协定的谈判（如和新加坡的谈判）中确保对方国家能够消除对其资本进出该国的限制。这种情况不难理解，因为金融服务企业的业务本质就是资本流动，任何限制其转移资金的政策都将削弱其盈利能力。很多经济学家对此都持支持态度，认为限制资本流动与限制贸易一样，两者都是对合约自由的干涉，都降低了商业效率。

虽然资本控制有很多缺点，但那些反对资本控制的人们应该从亚洲金融危机中深刻吸取教训：资本控制与贸易限制并不完全一样，尤其对发展中国家而言。一般来说，限制资本自由流动是因为政府担心一旦市场出现恐慌气氛，本国公民和外国投资者就会纷纷抛售本国货币，最终导致本国货币的大幅贬值。亚洲国家的很多企业在金融危机之前以美元借入资金，而在金融危机发生之后，却不得不以大幅超过预期的本国货币来偿还这些贷款，由此产生了经济动荡。正如第 5 章所述，这个问题是个区域性问题，仅发生在其政府试图操控本国货币，而本国公民又不想要本国货币的情况下。这就是为什么那些控制资本流出的国家，如印度和中国，受到的亚洲金融危机的拖累很少。

本书的观点是，总体而言，资本控制弊大于利：对资本流入流出的限制将增加资本流动成本，并且各种实施资本控制的努力都将造成市场的扭曲和不经济。本书认为存在一条明智的道路来开放资本市场，这条道路能够避免类似 1998 年亚洲国家的金融混乱，那就是美元化。这是一个广义的术语，任何本国货币不稳定的国家都可以放弃本国货币，改而使用美元、欧元或者其他国际上广泛接受的货币，本书将在第 5 章具体讲述此问题。政策制定者和贸易谈判代表应该更为审慎，当遇到资本控制时，不应该秉持教条主义的自由市场观点。毕竟，在政府垄断了货币发行权的情况下，不存在真正完全自由的市场。

美国的贸易和投资政策对本国或其他一些发达国家的金融机构有利，但对世界上一些货币体系脆弱、银行及金融监管较差的国家的经济健康也许就不利。因而，它可能会得到美国各界更广泛的关注，因为正如我们将在第 4 章中看到的那样，金融危机不仅会在国外引发安全问题，也会给国内经济带来风险。世界金融一体化进程的加快，对金融监管的国际协调提出了更高的要求，以减少经济风险在各国之间的传递。但是巴塞尔协议实施进程失败的教训提醒我们应该在很多方面加以注意。我们将在第 5 章中针对金融危机进行相关分析，即机构脆弱性、激励不足以及监管不当等问题，都可以利用市场本身的内在动力来弥补。

第2章　金融和反恐战

2001年9月11日，恐怖分子对美国发动袭击，仅仅几天后，美国总统乔治·布什便向恐怖主义全面宣战。他不仅签署了相关法律，以加强对现有的及潜在的恐怖分子的武器限制，而且也重新启用了克林顿政府时期切断恐怖组织资金流的政策。其中第二个政策是一个大转变。仅在一个月以前，布什政府的两个最高经济官员——时任财政部长的保罗·奥尼尔（Paul O'neill）和首席经济顾问劳伦斯·林赛（Lawrence Lindsey）还曾质疑克林顿政府的反洗钱政策。①

美国政府在"9·11"后通过限制资金流入的方式向恐怖分子宣战似乎是合情合理的政策主张。毕竟，如果能够阻止恐怖分子接近金融资源，尤其是阻止他们接近金融机构，就有可能防止他们从事恐怖活动，或者至少能够通过大大提高他们从事恐怖活动的成本来减少部分破坏性活动。即使追踪和没收他们现有的资金不能阻止恐怖分子的金融活动，但向恐怖分子发起金融战也有助于警方和军队查找、定位，甚至在恐怖分子发动攻击前消灭他们。

---

①　他们的声明被Wechsler（2001）引用。另见Cohen（2001）。

那么政府应当如何作战呢？政府可以通过切断恐怖组织的资金来源或其资金流来实现。例如，美国和其他国家政府打击虚假的慈善组织就是从其源头上予以打击。这些慈善组织实际上是由恐怖组织所控制的机构资源，因而应当关闭这些机构或者控制其资金，或者双管齐下。这种政策由法律强制执行，是一种十分重要的政策，但并不是本章所讨论的重点。

本章所讨论的重点是：美国和其他国家政府是如何做到通过对金融机构提出各种要求，来揭露并阻止恐怖集团通过在某地进行资金流转来支持另一地的恐怖活动的。此类资金流转称为洗钱。狭义地讲，洗钱是指将犯罪所得转化成一种可以合法使用的资金，使人难以追踪其背后的犯罪事实。① 在美国，洗钱一直以来都与有组织犯罪和毒品交易联系在一起。而在“9·11”以后，洗钱的主要含义变成了恐怖分子的资金流转。

最好的洗钱渠道是银行，因为银行是效率最高的“洗钱机”。“9·11”的恐怖分子及其帮凶（财务人员）也和其他人一样使用银行作为资金的交易媒介。存款人在某地的一家银行将钱存入，继而让银行将钱汇入另一人在异地银行开立的银行账号中。如果他们能够成功用款，那恐怖分子将会以这种方式利用金融机构转款。当恐怖分子运用这些钱来支持恐怖活动时，问题就出现了。

美国及其他国家政府正在加强《反洗钱法》的实施力度，以阻止恐怖组织利用正规的金融机构进行资金流通。尽管这一举措并未取得预期的效果，但所幸的是状况将得以改善。

---

① 见 Reuter 和 Truman（2004：1）。我们认为，该论文提供了目前为止美国和其他国家最深入的反洗钱研究成果。

2.1 反洗钱、反毒品和金融反恐战的根源

在对恐怖集团的金融战中，监管机构对金融机构发布的很多监管条例都来源于打击非法毒品的金融政策。和恐怖组织一样，贩毒组织也利用金融机构来流转其非法所得。毒品很容易跨越国境，而资金更容易。这正是为什么美国敦促其他国家进行反洗钱立法的原因所在。实际上，洗钱规模相当巨大。1998 年，时任国际货币基金组织总裁的米歇尔·康德苏（Michel Camdessus）估计，全球每年有 8 000 亿 ~20 000亿美元的资金被"洗白"，相当于全球国民生产总值的 2% ~5% 。[①]

《反洗钱法》体系正处于不断完善之中。一般而言，它包括三个主要内容：一是建立现金交易申报制度，便于政府相关部门更好地侦察、追踪和掌握可疑的犯罪活动；二是要求金融机构了解客户，并筛选出其中的不良客户；三是要求金融机构根据政府提供的清单核对客户资料，以找出可疑分子和可疑组织。

2.1.1 申报制度

美国政府执行《反洗钱法》最初是要求存款机构（银行和储蓄贷款协会）协助调查毒品交易和其他犯罪活动。美国通过 1970 年的《银行保密法》（BSA）要求存款机构就某类交易向财政部申报。申报内容涉及现金存取，包括 10 000 美元以上的现金汇入、5 000 美元以上的可疑交易、跨国现金交易以及与外国银行及证券账户相关的信息。监管机构通过实施行政制裁或者可能的民事或刑事处罚，来要求金融机构执行。2001 年的

① Reuter 和 Truman（2004）以及 Wechsler（2001）都引用了该统计数据。

《美国爱国者法》（USA Patriot Act）将报告单位从存款机构扩展到其他金融机构（见下文）。

实施《银行保密法》的最初目的是阻止毒贩和其他犯罪组织运用美国存款机构来为其非法活动筹备资金。该法案对存款机构提出的各种要求为执法者提供了诸多线索，便于他们确定并掌控犯罪分子。

毒贩很快就发现了如何逃避存款机构申报的方法。若毒贩想将总额超过 10 000 美元的现金通过金融机构进行交易，那么为了逃避申报，他可以采取分批多次的方式，使每次的现金交易额都小于 10 000 美元。这种行为称为重构交易（smurfing）。他们也能通过其他合法商户来将贩毒收益"洗白"，如饭店、洗衣房等。犯罪分子将其非法所得与这些合法商户的收益混在一起，使人无法察觉这些收益背后的犯罪，从而将贩毒收益合法化。

1982 年，为了应对毒贩利用重构交易来逃避申报，美国财政部要求各金融机构填写可疑活动报告（SARs）。这一报告是当金融机构发现某笔金融交易可能是毒品交易、洗钱或其他金融犯罪（如电汇欺诈）时所提交的报告。当前，由司法部领导的九部门协助美国政府调查疑似毒品交易。①

2.1.2 了解客户

在《银行保密法》通过 16 年之后的 1986 年，国会批准了《洗钱控制法》（MLCA），增加对金融机构的反洗钱要求，旨在使金融机构密切关注疑似犯罪的活动，并且尽可能地拒绝接受可疑的账户。该法案要求金融机构通过对新开账户进行尽职调查来了解客户，要求客户提交各种身份证明（如姓名、住址、社会保障号、信用证明等）以及工作经历。该法案

---

① 该组织的正式名称为"有组织犯罪与毒品执法专责小组"（Organized Crime Drug Enforcement Task Force）。另外，司法部、财政部和交通部也参与了该小组。

最初只是针对毒品交易，在经过一段时间的实施后，也将其他犯罪行为纳入其中进行监控。[①] “9·11”事件以后，国会通过《美国爱国者法》对金融机构提出了更为具体的要求。[②]

2.1.3 清单核对

美国政府不仅要求金融机构密切关注可疑活动，而且它自身也是这么做的。政府相关机构利用从私人机构获取的信息，成功地将一些犯罪活动扼杀于萌芽之中。例如，财政部外国资产控制办公室（Office of Foreign Asset Control，OFAC）时常更新不良人士及组织的清单，禁止金融机构与其办理相关业务。其他一些政府机构也有类似的清单。“9·11”后约一年时间，美国总统要求这些机构将各自所做的清单合并成一个统一的清单，并于 2003 年年底启用。根据美国审计总署（General Accounting Office）的报告，到 2004 年中期，联邦政府还没有制成统一清单，批评者认为联邦政府可能要花费几年时间来做这件事情。[③]

实际上，“9·11”之前，美国财政部就开始采取措施来统一《反洗钱法》的执行力度。1990 年，财政部成立了金融犯罪执法网络（Financial Crimes Enforcement Network，FINCEN）。FINCEN 可以与地方、州及联邦执法机构共同使用《银行保密法》所涵盖的银行及其他金融机

---

① Reuter 和 Truman（2004）收纳汇编了 164 项犯罪——几乎涵盖了所有严重犯罪，并对《反洗钱法》下了定义。作者同时强调，在 2001 年《美国爱国者法》颁布以前，海外腐败行为在美国不被认定为洗钱犯罪，外国认定的其他犯罪在美国也不一定被认定为犯罪。

② “了解客户”对反洗钱的重要性和防范身份盗窃一样。身份盗窃行为在美国国内大量存在。为此，布什总统于 2004 年 7 月签署了《处罚身份盗窃法》（The Identity Theft Penalty Enhancement Act）。该法案规定，在犯罪活动中利用被盗的信用卡号以及其他个人数据的罪犯，在原有判决基础上加判 2 年；在恐怖活动中使用这些被盗的信息时，在原有判决基础上加判5 年。

③ 见 Levine（2004：31）。就连国土安全部总检察长也在 2004 年的年末报告中指出，大清单尚未形成。见 Block 和 Fields（2004：1）。

构提供的信息。FINCEN 也可以为独立的洗钱案提供支持，并且根据它所掌握的金融信息确定金融犯罪模式。FINCEN 还进行国际合作，与外国执法部门分享类似信息。

与此同时，银行通过购买各种商业软件来核查其既有的和潜在的客户是否在外国资产控制办公室的清单或者其他可能的清单上。但是，没有任何一种软件可以做到毫无差错，也就是说，根据软件的判断，某人或某组织正好与清单相匹配，但实际上却并非罪犯或恐怖分子。银行期望将这一误差保持在 1% 以内，但专家对此持怀疑态度。

2.2 反洗钱的国际合作

仅由美国的执法部门单独对洗钱以及与之相关的犯罪活动予以打击，将难以取得好的效果。现在，人们可以很容易地在国家之间进行资金流转，因此对于某一国而言，很难切断犯罪分子和恐怖组织的资金来源。基于此种考虑，美国政府耗费了 10 多年的时间来争取其他国家的合作。1989 年，美国和法国说服了 G7 其他成员国成立了金融行动特别工作组（Financial Action Task Force，FATF），旨在通过加强金融监管来打击毒品交易。此后，金融行动特别工作组逐渐发展到包括 33 个成员国在内的国际组织。它为各国政府打击洗钱行为构建了一套标准法令与打击模式。更为重要的是，金融行动特别工作组可以通过评比各国打击洗钱犯罪的绩效列出“打击不力清单”（name and shame），来督促各国打击洗钱犯罪。

这一绩效评价系统运行效果良好。2000 年，金融行动特别工作组将 15 个国家列入清单，此后又有 8 个国家被列入清单，但到 2004 年年末共有 19 个国家被撤出清单，因为这些国家提高了对洗钱的警戒并说服了工作组。瑞士和开曼群岛长期以来是洗钱活动的避风港，而近几年在强大的国际压力下，已逐渐开始放松其曾经极为严密的银行保密法，并且加强与外国执法机构的合作，这一点意义非凡。

绩效清单取得成功的原因有二：其一是金融实力强大的工作组各成员国一致同意对清单所列国家实施多边制裁；[①] 其二是对于那些清单所列国家而言，要想进入工作组其他成员国的金融机构及金融市场，首先要将自己从清单中消除，即使如此，到2004年年底，依然有4个国家留在清单上。[②]

1990年，金融行动特别工作组发布了著名的《40项建议》（The 40 Recommendations）来打击洗钱。这些建议形成了金融监管和法律执行的标准。[③] 到1996年，130多个国家签署了该建议。但是当工作组开始检查其成员国在多大程度上执行了工作组制定的标准时，工作组发现，它没有权力对那些未能执行标准的国家进行制裁，这不同于绩效清单。更重要的是，金融行动特别工作组的标准仅仅是指文字上的法令或监管条例，而不考虑各国执行的有效性。

2.3 "9·11"后的金融反恐战

实际上，"9·11"事件以前，《反洗钱法》就已应用于反恐行动中。克林顿总统在其两届任期内，就冻结过几次支持恐怖主义国家的在美资产，包括伊拉克、利比亚、叙利亚和阿富汗塔利班组织。1995年，克林顿总统宣布12个中东的集团为恐怖组织，并下令冻结其资产。财政部也曾下令冻结一些被确认为恐怖分子的资产。1996年，《反恐怖主义法》授权可以对任

---

① 这与各种关于制裁的研究结论一致。这些结论显示，如果希望获得成功，就必须在很多国家强制执行。例如，见 Haass 和 O'Sullivan（2000）；Elliot 等（即将发表）；Collins 和 Bowdoin（1999）。

② 这些国家是库克群岛、印度尼西亚、尼日利亚和菲律宾。

③ 见金融行动特别工作组（2003）。

何一个国务卿认定为外国的恐怖组织进行资产冻结。[①] 与此同时，克林顿政府也极力推动金融行动特别工作组将未能充分采纳并执行《反洗钱法》（例如，未能执行“了解客户”或资产冻结措施）的国家列入清单。

正如本章开始所说的，布什政府对克林顿政府的上述做法起初颇有微辞。然后，“9·11”事件发生了。于是，采取所有可能的办法来打击恐怖主义成为最为紧迫的事情，其中也包括切断恐怖组织的资金来源。毕竟，政府对恐怖分子随意进出合法金融机构不能坐视不理。此外，政客们还希望《反洗钱法》的实施工作得到重新重视，即使不能在事前阻止恐怖分子筹集资金，但至少有利于事后查找、掌控甚至消灭他们。

2.3.1 2001年的《美国爱国者法》

布什政府实施《反洗钱法》的工作重点在于对资产进行监管而非冻结。1999年年底，布什总统执政前夕，大约有30亿美元资产被冻结，几乎都是被认定为支持恐怖主义国家的资产（伊拉克15亿美元，利比亚近10亿美元）。[②] 但是到2002年年末，即2001年“9·11”事件后一年多的时间里，冻结的资产便增加了近10亿美元，共达到40亿美元。[③]

监管的范围也相对扩大了，在《美国爱国者法》中予以列明：

- 法案将10 000美元以上的现金交易申报范围由银行和证券公司扩展到娱乐场所、汽车经销商以及其他一些美国公司。此外，法案还将可疑活动报告填写的范围扩展到证券经纪公司和证券交易所、货物经销商以及咨询公司。这些措施都有助于执法部门在恐怖分子实施恐怖活动前予以识别和掌控。

---

① 见Pillar（1993：93）。

② 见Pillar（1993：96）。

③ 见财政部（2003）。财政部认定的6个支持恐怖主义国家是古巴、伊朗、伊拉克、利比亚、朝鲜和叙利亚。

- 法案对“了解客户”提出了新的要求，即金融机构在接受新开账户时，必须收集并分析客户的开户意图。除了检查开户人所提交的文件信息外，金融机构还须拜访其住所并在网上搜索开户人相关信息，以此来了解客户。这些要求也是为了避免恐怖分子及其支持者利用合法的金融机构进行恐怖活动。
- 法案要求对未能充分实施《反洗钱法》的国家的政府或金融机构，限制或禁止其进入美国金融系统。
- 法案要求所有美国金融机构必须建立相关制度、操作程序以及控制手段，以便在其代理关系及与外国个人或组织相关的个人银行账户被用来洗钱时，能够予以识别。代理关系是指美国的银行与外国银行签订代理协议，外国银行无需在美国境内设立物理网点，而通过其在美国的代理行来办理相关业务。
- 法案给予了美国司法部长和财政部空前的授权，使他们能够按照需要要求美国金融机构提供其国外代理行的有关信息，并且要求美国金融机构执行极为严格的尽职调查标准，以确保它们的国外代理行不能通过代理关系进行洗钱。除了美联储于 2004 年 7 月要求荷兰银行及其在纽约的分支机构在与国外代理行办理业务中提高警惕性外，监管机构几乎没有就如何正确执行这些标准提供任何指导。这次执法行动以及其他一些法律规定的主要目的在于阻止外国银行利用美国金融系统在境外进行洗钱活动。

2.3.2 国际合作

2001 年 9 月 11 日，恐怖分子对纽约世贸大厦的袭击实际上得到了分布在全球范围内的一些企业、银行账户和非政府组织的资助。[①] 那么，若

① 见美国国家遭遇恐怖袭击委员会（2004：57）。

要避免未来再发生类似的恐怖袭击，就必须得到来自全球的各个领域的合作。总之，反恐必须真正全球化。布什政府深刻认识到全球合作的重要性，并不断派官员参加各种论坛，就如何能够更好地利用金融监管进行反恐这一问题交流信息和交换观点。这些论坛的发起组织包括联合国反恐怖主义委员会、国际货币基金组织（IMF）、世界银行以及金融行动特别工作组①。实际上，“9·11”以后，金融行动特别工作组在以前提出的针对洗钱的《40 项建议》的基础上，又新增了专门针对金融反恐的 8 条意见或标准。国际多边合作促进了一些国家加强《反洗钱法》的实施力度，②主要有巴林、黎巴嫩、阿拉伯联合酋长国和埃及。

然而，这些论坛并非同样有效。例如，IMF 在《金融部门评估方案》（FSAP）中将其职能延伸到金融反恐领域，但这一延伸的效果并不确定。《金融部门评估方案》由 IMF 于 1999 年提出，主要用来评价其成员国的金融监管及法律框架是否完备。通常，法律框架包括对金融犯罪及洗钱的监管。然而，实际上并没有 IMF 的成员国因实施法律不力而被开除的情况。IMF 也向其成员国提供反洗钱的技术建议以及“了解客户”的方法，但是只有成员国有意愿并有能力来采纳，这些建议才能起到实际作用。此外，成员国参与到《金融部门评估方案》的实施进程中来完全出于自愿。基于以上情况，应该进一步考虑如何解除 IMF 在反洗钱领域中受到的限制。

2.3.3 金融反恐战的局限性

不管金融监管政策的涵盖面有多广，但反恐的有效性都将在以下三个

---

① 也有其他的国际组织致力于反洗钱工作，包括进行国际金融监管的巴塞尔委员会、国际证监会组织（IOSCO）、国际保监会组织（IAIS）、欧洲和美洲的地区反洗钱工作组，以及行政执法和刑事执法机构，比如国际反洗钱联盟（艾格蒙联盟，Egmont Group of Financial Intelligence Units and Interpol）和国际刑警组织。

② 见 Greenberg 等（2002：14）。

方面受到限制。首先是美国实施新政的能力。在美国的私营部门，有3 200家银行、6 000 家经纪公司和4 400 家保险公司，这些公司都需要利用基本的监管清单来核查新客户。[①] 即便如此，银行每年提交的可疑活动报告（SARs）仍在不断增长，由1998—2000 年的10 万份增加到2003—2004 年的30 万份。[②] 尽管财政部缺乏人手来处理这些报告，但不断增加的报告似乎还是令人鼓舞。[③] 实际上，2003 年 9 月美国审计总署报告显示，实施《美国爱国者法》面临严重的资金不足，执法部门与监管部门也缺乏配合，这些问题影响了该法案中有关金融监管条例的执行工作。[④]

其他国家更加缺乏资金和人员。尽管美国财政部外国资产控制办公室有100 多名全职工作人员来从事金融制裁的实施工作，但依然跟不上报告增加的速度。在英国类似的部门中只有7 名工作人员，法国有2 人，德国只有1 人。[⑤] 美国在欧洲的一些盟友也出于各自的动机，经常抱怨美国执法部门没有与其充分分享可疑恐怖分子的信息，这导致其无法冻结可疑恐怖分子的账户或查封他们的资产。

纵使监管体系拥有所需要的一切资源，但其反恐的有效性依然面临第二个方面的制约，即地下金融网络。大量货币的持有和转移既不通过正规的金融体系，也不受到监管体系的监管。由于屡遭美国军队及执法部门的打击，基地恐怖组织（Al Qaeda）转而使用传统的“信使”来转移巨额资金。他们也采用古老的“哈瓦拉”（Hawala）银行系统（“地下银行”系统），主要通过分布在中东和南亚的个人来转移资金，交易者不必留下纸质记录。客户将资金存放在一个经纪商（hawaladar）那里，经纪商通

---

① 见 Hovanesian 和 Fairlamb（2003：102）。

② 见 FINCEN（2000：2）。较新的数据来源于 Reuter 和 Truman（2004）。

③ 例证如下：2004 年夏天，里格斯国家银行——这家总部位于财政部大楼正对面的银行，由于被认为未能严格执行反洗钱标准而遭到调查。

④ 见美国审计总署（2003）。

⑤ 见 Greenberg 等（2002）。

知可信任的另一经纪商以自有资金将款项先垫付给收款人。由于经纪商之间彼此信任，并且实际上很多经纪商都来自于同一个家族，因此可以通过其他方式将垫付的钱支付给对方经纪商。当然，如果迫不得已，他们还可以约定定期结算彼此债务。这种结算系统的基础是信任关系。“哈瓦拉”在很多国家是合法的（但在印度不是），但因其不必接受监管所以很难控制，尤其是这种交易方式因没有纸质的记录而难以被调查机构发现。

美国当局和金融行动特别工作组成员国曾推动“哈瓦拉”银行系统由地下变为地上，但这场运动受到内在的限制。即使美国政府能够强制所有的“哈瓦拉”经纪商都进行登记，所有这些经纪商的交易记录都留下纸质或者电子的记录以供查询，但对于政府执法部门而言，也很难在发展中国家及发达国家数百万资金的转移中区分哪些是合法转移，哪些是用于恐怖活动的非法转移。

此外，所有这些监管努力都被第三个因素所限制，即恐怖活动相当易于实施。1993 年 2 月，用来袭击世界贸易中心的卡车炸弹只需 400 美元。[①] 为策划“9·11”恐怖事件，对 19 名恐怖分子的培训和支持费用仅为 50 万美元左右。“9·11”以后，恐怖活动成本更为低廉：2002 年 10 月印度尼西亚的恐怖袭击只花费了 5 万美元的炸弹费用；[②] 2003 年 11 月伊斯坦布尔的恐怖袭击花费不到 4 万美元；2004 年 3 月马德里的恐怖袭击通过炸弹和手机发动，成本还不足 1 万美元。[③] 2003 年 10 月，一份出版物上披露，美国国防部长拉姆斯菲尔德曾在一个备忘录中承认：“恐怖活动的成本收益率远高出我们，我们的成本是数十亿美元，而恐怖分子的成本只有数百万美元。”[④]

---

① 见 Pillar（1993：94）。

② 见 Eisenberg 和 Burger（2004：40）。

③ 联合国报告（在 2004 年 8 月 31 日 FT. com 上有摘要）。

④ Duffy 和 Waller（2003：31）援引。

这些限制因素使得人们对反恐活动中金融措施的有效性提出了质疑。一些政策制定者也承认，事实的确如此。例如，尽管《9·11报告》（The 9/11 Commission Report）断言，跟踪恐怖分子的资金流向仍然应该“居于美国反恐的前沿和核心地位”，但它也不得不承认，如果恐怖分子发现了更多的方式来支持恐怖活动，那么冻结资产的效力将会大打折扣。① 正如我们所见，反洗钱监管也同样如此。鉴于存在这些质疑，我们必须以更为严格的标准来判断反洗钱战的收益和成本。

2.4 成本高昂，收益不确定

上文分析了反恐活动中金融措施的局限性，但重要的是，必须尽可能严格地考虑成本与收益是否匹配。毕竟，其他监管活动都需要精确的数学计算，金融反恐战也不应例外。然而，有些人可能认为金融反恐战如此重要，因此不必考虑得失。但不幸的是，金融反恐战的定量评估却受制于其本身的各种限制。其成本即使可以计量，也往往分散和隐藏在各种预算中，而收益有时也不能明确地归功于反洗钱监管。

根据《美国爱国者法》所采取的反洗钱措施还处于初级阶段，但对于有关反洗钱监管的实施成本已经有人作了大量的研究。彼得·鲁特和泰德·杜鲁门（Peter Reuter & Ted Truman）对反洗钱成本进行了相当全面的研究。根据他们的研究成果，我们可以将反洗钱成本分为三个方面：一是政府机构实施《反洗钱法》和进行监管所产生的成本；二是私人金融机构执行反洗钱政策所产生的成本；三是公众成本。②

---

① 见美国国家遭遇恐怖袭击委员会（2004：382～383）。该委员会预测，金融监管只是信息收集的手段之一，不能直接切断恐怖分子的生命线。亦见 Weiss（2004）。

② 见 Reuter 和 Truman（2004：93～103）。

政府部门的成本可以通过预算报告中的“750科目”反映，这一科目为总的司法行政费。鲁特和杜鲁门对该科目予以调整，使其能够充分反映政府的反洗钱监管成本。据他们估测，政府每年为反洗钱花费近15亿美元。如果加上各州及地方政府的支出，政府每年反洗钱总成本约为30亿美元。①

金融机构为执行反洗钱监管而产生的成本也很大。最近有调查显示，2004年，全球银行业在反洗钱政策的执行上所产生的费用较2001年增加了61%，而且还将继续增加。② 实际上，在北美洲的有关调查中，有29%的受访机构称此项成本超出其经费的双倍，成本中增幅最大的部分是交易监管、培训和申报。2003年，一份研究报告估计，仅共同基金业为执行客户身份识别项目（Customer Identification Program），第一年需要支出2.88亿美元，以后每年需要支出1.4亿美元。这相当于在每一个新客户身上花费13美元。③ 这只是整个金融机构成本中的一小部分。在利用几个咨询公司的估算数据的基础上，鲁特和杜鲁门推算金融机构为执行反洗钱政策而产生的成本为每年30亿美元左右。④

---

① 见Reuter和Truman（2004：93～103）。Reuter和Truman测算美国政府将监管执法费用总额的2%～3%用于反洗钱监管。虽然政府测算的比率更接近2%，但他们没有将美联储的费用包括进来。调整后，3%更为合理。州和地方政府的测算是建立在“推测”基础上的，即州和地方政府的费用总额约为联邦政府的1.7倍，但考虑到大多数反洗钱执法行动是联邦政府的责任，Reuter和Truman将联邦政府的费用增加一倍作为用于反洗钱监管的政府费用总额。

② 见毕马威国际会计公司（2004：9）。

③ 见Little-Gill（2003）。这一数额包括设立CIP的法律费用、系统和文件费、信息收集和确认费、差异化解决费和记录维护费。另外，年度成本还包括监督与批发商协议相联的CIPs、偿付中间商提供的CIP/AML管理项目、年度培训费、遵从监督费和其他咨询费。

④ 见Reuter和Truman（2004：98～99）。这些估算数据是从美国均富国际会计公司1992年和1993年的银行研究报告中提取的。Reuter和Truman采用2.4亿美元和6亿美元作为当年银行的估测成本。以名义GDP增长率为标准进行推算，2003年这一数字为10亿美元。考虑到监管成本的增加，于是将这一数字增加到15亿美元。他们将银行业的成本增加一倍得出整个金融业的成本，为30亿美元。接着，他们用毕马威和普华永道国际会计公司关于英国《反洗钱法》的研究预测反复核对了这一推算数据。

鲁特和杜鲁门测算公众直接成本约为10亿美元。[①] 然而，这些成本还不包括针对部分守法公民个人隐私的调查成本，他们的账户可能因在反洗钱可疑清单中而遭到调查。这些成本也不包括金融机构因执行“了解客户”要求而造成的客户不便，如向客户提出一些不便回答的问题等。

鲁特和杜鲁门估计反洗钱监管的总投入约为70亿美元/年。而且，随着2004年反洗钱执行力度的加强，投入可能会更多。[②] 但是，我们能说这些投入一定能取得相应的收益吗？也不尽然。实际上，收益由两个方面组成：有效遏制恐怖活动以及帮助执法部门及军队进行反恐。然而，除了政府部门外，其他机构或个人很难估算反洗钱监管所取得的收益。

实际上，即使是政府也很难测算恐怖活动的增加量或减少量。例如，尽管美国国务院发布的《2003年全球恐怖主义形势》报告宣称，恐怖活动有所减少，但又因为“统计方法存在缺陷”[③] 而被诟病。2003年11月，一份出版物披露，国防部长拉姆斯菲尔德承认：“目前，依然缺乏令人信服的衡量标准来判断我们是否赢得了全球反恐战争。”

即使存在这种衡量标准，我们仍然无法估测《反洗钱法》是否或在多大程度上抑制或阻止了恐怖活动。此外，即使国务院关于恐怖活动减少的报告是正确的，也无法有力地证明这是有效加强金融监管的成果。

衡量《反洗钱法》对执法部门和军队的帮助也有一定的难度。在执法人员寻找、阻止和掌控某些特定恐怖分子时，反洗钱监管所起到的作用只有政府才能证实。尽管在个别案例中，也有所谓的证据显示，可疑活动报告（SARs）帮助执法人员找到了事后证实确为犯罪分子的情况，但还

---

① 见Reuter和Truman（2004：101～102）。Reuter和Truman的测算建立在这一事实上，即金融机构可以向消费者转嫁财务成本总额的1/3。尽管这些成本也是之前30亿美元的组成部分，但他们还是另外增加了10亿美元作为额外的公众成本。不过，他们承认这些预测“缺乏经验基础”。

② 见Simpson（2004：1）。

③ 见Krueger和Laitin（2004：8～13）。

是不能发现在这种证据和反恐战之间有任何实质性的联系。[①]

评估的结果就是美国每年至少花费70亿美元从事金融反恐战，而效果却难以确定。我们知道，由于存在许多危害国家安全的潜在因素，而防止这些因素的发生也同样急需大量的资金投入。例如，我们现在还没有有效的系统来监控和证实全球每年9 000万个集装箱所载货物的内容。[②] 结果是，有些集装箱中的货物可能是核武器或其他爆炸装置。如果在美国每年进入的800万个集装箱中有一个是安放爆炸装置的，那么这些爆炸物将迫使装卸的港口停工几周甚至几个月，并因此导致一场经济灾难。[③] 应用一个全球范围内有效的集装箱监控系统需要花费多少成本呢？国家安全领域顶级专家 Stephen Flynn 测算，每个集装箱约需40～80美元，或者说每年合计需要40亿～70亿美元。[④] 换句话说，这笔花费与用于反洗钱监管的费用相差无几。对反洗钱的支出收效甚微，而建立集装箱的全球安全系统却可以极大地减少国际物流网络遭受严重破坏的风险。

考虑到美国通过应用金融监管进行反恐的机会成本，我们必须讨论美国是否有足够的理由这么做。为回答这个问题，我们必须将一个重要的因素——公共外交考虑进来。就像反恐专家 Paul Pillar 所说，美国通过金融反恐战，向其他国家发出了一种信号，即这些国家也同样面临着严重的恐怖威胁，进而能够敦促这些国家采取同样的措施。[⑤] 一个谴责恐怖主义而且为消除恐怖主义而要求其他国家做出政治和金融上配合的政府不能容忍本国的金融机构为恐怖活动资金流通提供便利却免于惩罚。基于以上情况，金融反恐战能够将拥有不同利益的各个国家广泛地联合起来进行反恐。

---

① 例如，见 FINCEN（2000：16～23）。大部分案例涉及各种欺诈行为，且与毒品交易或洗钱无关。

② 咨询 Stephen Flynn，2005-01-21。数据假设1 800万个集装箱每年流通5次。

③ 见 Flynn（2004：17～35）。

④ 咨询 Stephen Flynn，2005-01-21。

⑤ 见 Pillar（1993：94）。

2.5 展望

尽管花费不菲，但是金融反恐战的公共外交因素仍甚为重要，它将使得这种行动得以持续。此外，它还能够推进高效的政治和军事合作，以侦察、阻止和应对恐怖主义。这就是其在美国乃至全球范围内应该做到的。

在美国国内，为了更有效地实施《反洗钱法》，加强各个部门的协调是非常关键的。总统必须尽快协调《反洗钱法》涉及的各部门——国家安全局、国防部、司法部、财政部以及其他相关部门，将其各自掌握的可疑个人及机构清单汇总整理成一个统一的大清单，并进行日常维护。这个统一的大清单将会更好地帮助各部门在反恐活动中履行各自的职能。

一旦形成该清单，就应该允许金融机构应用它。退一步而言，即使不能形成（或不能有效维护）该清单，总统也应要求拥有可疑清单的各部门形成统一的标准共享清单，并允许授权的私人金融机构登录使用。尽管《美国爱国者法》将公共机构和私人机构划分为两种不同的行为方式，但信息流几乎是完全相同的。除财政部外，其他政府机构几乎很少向金融机构提供其所掌握的恐怖分子信息。相应地，金融机构也很少能够利用政府信息来构建其申报标准，只能按要求向这些政府机构提供可疑活动报告（SARs）和现金交易报告（CTRs），而有时这些交易根本不可疑。如果拥有一份可以利用的统一的可疑个人及机构清单，或者各相关政府部门能够经常性地提供类似信息，那么金融机构就更易于从各项交易中分辨出最大风险。最终，这既能节约金融机构和政府的时间和成本，也有助于将各种形式的报告变得能够真正帮助执法部门分辨出与恐怖分子及其他非法活动相关的交易。

由于担心安全漏洞，政府机构间可能会坚持拒绝信息共享。尤其是当清单上列出的人一旦知道自己被列入清单，他们及其同伙可能就会想方设法来逃避监管。这将不利于司法部门及相关政府机构获取恐怖分子的有用信息。实际上，保密条款长期以来都是安保合同中的重要一项，它要求那些接触敏感事件的私人部门的个人必须签署与政府工作人员同等的安全保密协议。其实，当金融机构的员工处理潜在的或既有的恐怖分子（或罪犯）的业务时，也可以应用同样的操作方法。

这些措施不仅有利于遏制恐怖分子的资金流通，而且还不会增加金融机构的成本，这些成本最终还是由存款人和向金融机构举债的公司来承担。但这些措施是否有效，还取决于其他国家是否采取相同的政策措施。正如本书前面所强调的，并在第 3 章中也将再次分析的，任何金融监管或制裁都需要允许资金合法流通的国家共同参与。

最好的处理方法来源于过去的经验做法。正如本书所讨论的，FATF 成功地要求了绝大多数国家加强反洗钱监管。现在，FATF 必须延伸监督范围，以确保各国认真实施了本国的类似法律。

FATF 必须适当加强人力物力来评估以及监控各国《反洗钱法》的实施力度。如果 FATF 怀疑某国未能成功实施《反洗钱法》，且该国也不能提供足够的说明材料来证明其成功地实施了反洗钱法，则 FATF 应将其列入“打击不力清单”加以制裁。事实证明，这一制裁有利于提高国际协作与配合。

当然，对于那些根本无力实施《反洗钱法》的国家而言，制裁它们是不公平也是毫无意义的。因此，美国和其他富裕国家应该对这些国家给予帮助，协助它们开展反洗钱监管。目前，美国每年向 67 个发展中国家提供约 10 亿美元的资金，协助其遏制毒品买卖。① 为了增进全球协作并提高《反洗钱法》的实施力度，FATF 中相对富裕的成员国也应该提供大量资金支持。

---

① 见全国毒品控制政策办公室（2004）。

第3章　资本市场制裁

在未来，会有一系列的制裁。[①]

——匿名美国国会议员助理

3.1　市场和象征

走进中世纪的欧洲城市，人们一看到高耸的大教堂，就会立刻明白宗教权力的重要地位；在17世纪的城市里，高大的行政宫殿颇具象征性地向人们表明王权上升了；在今天的城市里，摩天大楼[②]体现的则是商业部门（尤其是金融机构）的权力。

处于上升阶段的“权力中心”以建筑物为象征。在政治生活中，类似这样的象征也存在。自冷战结束以来，在国际事务中给予或不再给予贸易“最惠国待遇”就具有很强的象征意义。作为全球商业和金融权力化

① Alden（2000）援引。

② 这个比喻我们是从已故的Joseph Campbell那里学来的（Campbell和Moyers，1991）。

身的美国，给予那些帮助它进行反恐战争的国家一纸自由贸易协定（2001 年时的布什政府是如此钟爱巴基斯坦——尽管国会拒绝将这种具有象征意义的协定变成实实在在的贸易）。[①] 与此同时，美国还用经济制裁的方法惩罚那些反对它的国家。有一些国家足够强大，比如中国和俄罗斯，以至于与它们敌对尤其让人不快，于是利用资本市场进行制裁便取代了传统的战争手段。那么，在新兴的金融外交舞台上，资本市场是如何占据中心位置的呢？

3.2 国会瞄准了在美发行证券的公司的国家背景

为服务于外交目的对进入美国资本市场进行限制，这一想法于 1999—2002 年开始出现于美国的政治生活中。当时，3 篇引人注目的、应国会要求所做的报告公开发表了，这 3 篇报告的主要关注点均是与中国有关的证券发行。在 2001 年，这一想法变成了法律草案里的制裁条款，其目的是阻止外国公司在苏丹进行商业活动。对此，我们将在下文中进行讨论。

3.2.1 考克斯委员会（The Cox Committee）和杜奇委员会（The Deutch Commission）的报告

1999 年，两个由国会成立的委员会发表了一些报告，报告的内容与“中国的军事活动及其与中国在美（或涉及美国公司）的商业、金融活动的关系”有关。这些报告的结论成为报纸的头条新闻，因为它们的关注点都是所谓的美国资本市场为中国的武器发展和扩散提供了（尽管是间

① 见 Swindell（2002）。

接地提供了）金融支持的问题。

其中最先发表的一份报告是由考克斯委员会[1]撰写的。该委员会以其主席、加利福尼亚州共和党参议员克里斯托弗·考克斯（Christopher Cox）命名，于1998年成立，旨在就中国可能获得美国敏感的导弹及空间技术这一事件进行调查。后来，该委员会的调查范围扩大到了安全问题以及可能的核武器实验室间谍案。这篇报告的结论颇具煽动性，它描绘了这样一幅图景：中国政府试图通过庞大的间谍网、访问学者和在美国运营的公司窃取美国的敏感军事技术。

报告以焦急的语气写到，“在美国有超过3 000家PRC的公司，其中一些或是与PLA情报部门有联系，或是以窃取技术为目的”（在原文中被强调）。[2] 但是，报告却没有指出“其中一些”到底是多少。

中国经济问题专家尼古拉斯·拉迪（Nicholas Lardy）指出：“认为大多数中国公司是由国家安全部门设立的想法是荒谬的。”[3] 事实上，美国国务院在1997年只发现了两家由PLA在美国运营的公司，而中国军事商业活动专家詹姆斯·穆尔维隆（James Mulvenon）在考克斯委员会作证时也指出，解放军下属的公司数量为20～30家。[4] 那么，3 000的数字是从何而来的呢？

考克斯本人后来也承认，他使用这个数字只是“为了描述问题的可能情况”。斯坦福大学国际安全与合作中心对这篇报告中的政治、经济、科学和军事分析进行综合评价后得出的结论是：“关于中国政治、经济现代化和核问题的讨论缺乏学术上的严谨性，并且存在过多的有夸大嫌疑的

---

① 该委员会的正式名称是“与中华人民共和国有关的美国国家安全、军事及商业问题精英委员会”。

② PRC指中华人民共和国，PLA指中国人民解放军。

③ 见Hiltzik和Romney（1999）。

④ 见Mulvenon（1997）。亦见Johnson（1999：44～51）。

研究结论和事实描述上的错误，推论也不够严密。”[1]

第二份报告是杜奇委员会[2]于 1999 年 7 月发表的。该委员会以其主席约翰·杜奇（John Deutch，原美国中央情报局局长）的名字命名。该委员会成立于 1996 年，成立目的是调查大规模杀伤性武器扩散的问题。杜奇委员会对考克斯委员会报告的最终结论非常重视。这些结论包括：（1）中国“在两个方面利用了美国资本市场：首先，中国中央政府把美国资本市场作为融资地，并用融得的资金发展军事和商业；其次，中国通过表面上遵纪守法的挂牌公司掩盖其窃取美国技术的真实企图”。（2）证券交易委员会（SEC）未能收集到足够的信息以有效监督中国企业在美国所开展的商业活动。杜奇委员会总结到：

“由于目前对试图进入我国资本市场的经济实体没有国家安全方面的审核，所以投资者无法知道自己可能会给那些众所周知的武器扩散者扩散大规模杀伤性武器提供资助。除了存在道德问题外，这种扩散还将产生潜在的金融方面的影响，比如贸易和金融制裁，而这些影响可能会给投资者带来不良后果。”

这段结语不仅成为反华者和在国家安全问题上的鹰派人士的战斗口号，而且成为了各派激进分子的行动标语。这个由国会委托撰写的大型报告所提出的新逻辑，可能会被用来迫使美国政府限制资本市场的力量——政治上的左派和右派都很轻视这种力量——为“伟大的事业”服务。这个新逻辑是，既然外国公司一旦做错事就可能受到美国政府的打击，那么投资于这些公司的美国投资者就应该接受美国政府关于这些公司行为的警告，而这一警告在某种程度上将阻止投资者投资于这类公司。

很明显，这一逻辑并没有考虑到，或者说没有全面考虑到事情的下列

---

① 见 May（1999：11）。

② 该委员会的正式名称是“评估联邦政府机构与大规模杀伤性武器斗争情况委员会”。

两个方面：第一，激进分子认为，他们所判定的“坏的”活动对投资者而言只有坏处没有好处，即便事实上被投资公司为其投资者赚得了利润。第二，其他国家对美国公司的制裁或是潜在的制裁也没有被要求披露。换言之，其他国家也有可能制裁美国公司，并可能因此伤害美国投资者，而这个事实被轻易地忽略了。

正如我们所见，许多社团相继诞生。这些社团向 SEC 施加压力，要求其扩大“实质性风险”的定义（实质性风险是指上市公司必须向投资者公布的风险），以便将宗教、劳工和环境等因素纳入考虑范围。如果 SEC 确实这样做了，那将会大大增加上市公司的法律义务。事实上，这些社团针对的首要目标是中国公司，不过俄罗斯公司也常常成为它们的目标。

然而，杜奇委员会所做的可远远不止于要求增加信息披露。报告称，“重要的是，这场‘经济战争’从现在开始应当体现出军事活动中的那种老练和计划性”。尽管报告中也提到，“修改后的委员会章程，禁止委员会就制裁性法律的充分性和有效性做出评估”，但是报告仍然总结到，“美国没有充分利用它的经济资源施加其他方面的影响”，“负责反扩散事务的政府高官在咨询了适当的私人机构和专家后，应该对拒绝扩散者进入美国资本市场做出评估”。此后，随着一系列国会法案的颁布，这个号召越来越强烈。

3.2.2 美中安全审核委员会（The United States-China Security Review Commission）

2000 年 10 月，国会成立了一个由 12 人组成的“美中安全审核委员会”，目的是就中美双边贸易和经济关系中有关国家安全的问题进行监督、调查和报告。这个委员会（目前仍在运行）要求威廉 · J. 凯西协会（William J. Casey Institute，以前中央情报局局长凯西的名字命名，由小罗杰 · W. 罗宾逊（Roger W. Robinson，Jr.）任主席）起草一份名为《资本市场的透明性和安全：美中安全与美国资本市场的关系》的报告（在本章里，我们会常常提及此报告）。凯西协会由前助理国防部长弗兰克·加夫尼（Frank Gaffney）领导的安全研究中心（Center for Security Studies）负责管理。

2002 年 7 月，美中安全审核委员会在国会发表的报告中表现出了对中国赤裸裸的敌意。报告反复指责美国政府在对华关系上的做法是为了政府自己的利益而不是美国的利益。该委员会甚至对中国经济开放所取得的成功表达了悲叹，其所谓的理由是“最近中国经济的强大对我们的亚洲盟友和朋友产生了消极影响”。报告还说，中国“媒体对美国对外政策的描述主要是负面的，常常把美国描绘成单边霸权主义者”（也许和法国的新闻报道有差异吧）。报告然后阐述了它所认为的美国利益，一言以蔽之，即“霸权主义”，也就是利益。报告还起草了一份以追求霸权主义为目标的单边主义计划。这份计划的一部分是资本市场制裁，详见下文分析。

该委员会提请国会要求 SEC 敦促外国证券发行人提供它们在受到美国制裁的国家的活动信息，并向投资者披露这些信息。即使发行人在这些国家的活动是完全合法的，而且根据 SEC 工作人员的判断对投资者也不构成实质性风险，国会也仍应当要求 SEC 提供并披露这些信息。该委员会直截了当地宣称，无论 SEC 的观点是什么，此类活动都应该被贴上实质性风险的标签。显而易见，如果有除美国以外的其他国家（无论是哪个国家或是有多少国家）对某些国家实施制裁，发行人则不会被要求提供类似的活动信息。很明显，该行为试图通过立法对“实质性”进行重新定义，将政治植入 SEC 的信息公布标准中。

美中安全审核委员会还希望财政部评估中国或其他与大规模杀伤性武器或导弹发射系统扩散“有关的”外国实体是否正在进入或正试图进入美国资本市场，并把评估信息通报给 SEC 和“投资者（包括国家养老金系统和其他机构投资者）”。事实上，财政部根本不可能应这种要求去查明外国公司的任何非法活动，“通报给投资者”这一要求明显是想吓阻投资者购买外国公司的债券，因为他们认为投资者会害怕美国政府采取制裁性措施。

最后，该委员会还提请国会在国务院因中国或其他国家有大规模杀伤性武器或导弹发射系统的扩散行为而对这些国家实施制裁时，禁止这些国家的经济实体在美国发行证券。

3.2.3 《苏丹和平法案》

2002 年的《苏丹和平法案》(Sudan Peace Act) 要求国务卿每年就苏丹冲突问题向国会报告。该法案提出了四点要求。值得注意的是，真正关于苏丹政府行为（军事行动和对人道主义援助的妨碍）的要求是第三条和第四条，而第一条和第二条分别是关于“石油开发管道建设”的融资问题和“融资在多大程度上依赖于在美国发行债券”。这反映了众议员们利用资本市场进行制裁的热情。

众议院早先的法律草案要激进得多。法律草案禁止所有在苏丹进行商业活动的公司在美国“交易任何证券”，除非它按 SEC 的要求对其苏丹业务进行特别信息公布，须公布的信息包括“商业活动与违反人权或宗教自由的关系”。法律草案还要求总统在《国际紧急经济权力法》(International Emergency Economic Powers Act) 的框架下禁止任何在苏丹开发石油或天然气的公司在美国募集资本或进行证券交易。

布什政府反对众议院法律草案中的措施。在参、众两院表决通过的法律草案的最终版本上签字时，布什总统表示将只把其中对行政部门的要求视为建议性的——众议院可不怎么喜欢这种说法。我们将会在下文中看到，无论是在克林顿政府时期还是在布什政府时期，利用资本市场进行制裁这个问题令立法系统与行政系统争议不断。

3.3 资本市场制裁行动

在20世纪90年代末，关于俄罗斯和中国的石油公司在美国资本市场募集资金的两次事件使得资本市场制裁在美国和其他国家成为热门政治话题。这两次事件之所以被热炒，是因为事件中的两家大型石油企业（两家企业所属的国家被一些人视为仇敌，而被另一些人视为合作伙伴）在一些有高度争议性的、已被美国单边制裁的国家进行商业活动。这两次事件涉及政客、工业家、金融家以及各派激进分子的利益，人们热烈地讨论着将美国资本市场作为具有强制作用的外交工具的好处和可行性。这场“运动”可能会被某些人当作一次成功来庆祝，但实际情况又是另一回事。

3.3.1 “禁止这个债券!”俄罗斯天然气工业股份公司案例

1997年11月，俄罗斯天然气工业股份公司（Gazprom，以下简称俄天然气公司）宣布，由于市场条件不好，推迟其在美国的大规模债券发行。这一决定是在参议院银行委员会进行听证后2周内做出的。在这次暴风雨般的听证会中，一些参议员强烈谴责这家公司投资于伊朗和利比亚这两个已经被美国国务院确定为与恐怖主义有关联的国家，并对该公司与俄罗斯高官有牵连这一传言也表示出极大关注。共和党参议员阿尔冯斯·达马托（Alphonse D’Amato）、米奇·麦克康奈尔（Mitch McConnell）、山姆·布朗贝克（Sam Brownback）和劳奇·弗尔克劳斯（Lauch Faircloth）口气强硬地说，美国进出口银行（Export-Import Bank）不仅不应再对俄天然气公司的供货商提供担保，而且应禁止俄天然气公司在美国市场募集私人资本。用参议员弗尔克劳斯的话说，“为什么我们要为我们的敌人提供项目资金支持？我不能理解任何有常识的人会希望参与这项交易。我想华尔街会对这项交易说‘不’，如果他们不说，我想我们应该通过立法来禁止这项交易”（1997-10-03）。凯西协会在它给美中安全审核委员会的报告中把俄天然气公司决定推迟发行债券一事作为资本市场制裁这一新对外政策的一次重大胜利。在部分国会议员的热情支持下，凯西协会一直在努力倡导、并将继续倡导这一对外政策。①

但是，拒绝俄天然气公司在美国募集资本真的可以让它无法获得资本，或是停止在伊朗和利比亚进行商业活动吗？为回答这个问题，让我们首先来看看俄天然气公司的融资能力。根据凯西协会的说法，俄天然气公司因其海外活动所导致的争论，“取消了它在美国债券市场拟发行30亿美元债券的计划”。凯西协会尽管承认仅在几周之后，俄天然气公司就在欧洲筹到了30亿美元，但还是补充说，俄天然气公司“付出了更高的利率”，而且“更重要的是，许多美国公司没有因承销这家与支持恐怖主义国家有牵连的公司债券而违反了美国的法律”。遗憾的是，这是一个夸大其词的说法。下面才是实际的情况。

俄天然气公司在美国拟发行的可转债只有10亿美元，仅为凯西协会所声称金额的1/3；另有20亿美元的欧洲债券原计划于1998年发行（为了将这个数字放在整个事件的背景里考虑，有必要指出，俄天然气公司当时的市值接近700亿美元）。至于俄天然气公司暂停在美国发行债券是因为国会里有反对声音的观点，在事实面前是站不住脚的。就连达马托自己的工作小组成员都没有做过这样的声明。②

俄天然气公司主席雷姆·维克契洛夫（Rem Vyakhirev）在回应美国利用资本市场进行制裁的威胁时态度强硬：“我们不参与政治游戏而只追求商业目标。在海湾地区开发天然气资源与支持国际恐怖主义没有任何关

① 见Pener（2001）。

② 达马托的助手说：“很难准确地说清什么才是真正的原因，但这的确是一次令人愉快的事件，并且我们希望它是永久性的。”见Karey（1997）。

系。我们不容许任何国家用制裁来威胁俄天然气公司。”[①] 事实上，俄天然气公司之所以暂停了债券发行，是因为在此前的几个星期里，市场对俄罗斯证券的需求出现了急剧的负面变化，尤其是俄罗斯股票市场暴跌了30%（这也影响了俄天然气公司在伦敦上市的股价）。除了俄天然气公司，俄罗斯的 Taftnet 公司也宣布由于市场环境的原因推迟它在美国的证券发行（一种美国存托凭证，American Depositary Receipt，ADR）。而且，俄天然气公司当时还宣布，它决定同时推迟美国和欧洲债券的发行，并表示如果 1998 年市场条件好转，它仍有意愿继续发行。如同《金融时报》（*Financial Times*）解释的那样，“由于 10 月末全球市场的混乱局面，发行债券的成本升高，新兴市场国家因此转向了辛迪加贷款市场”。[②] 在俄天然气公司做出决定前的 2 周里，超过 40 家新兴市场国家的筹资者推迟或取消了其在国际市场上发行债券的计划。

俄天然气公司还单边取消了与代理人——美国进出口银行达成的贷款担保协议。该公司的发言人说：“这样做是为了防止美国的银行利用对石油和天然气设备的担保对俄罗斯的公司实施海外计划施加压力。”[③] 俄罗斯一家电台的说法更加直接：“俄天然气公司决定废止与美国进出口银行的协议是为了预防银行附加任何歧视性条款。那么，究竟谁是输家呢？俄天然气公司计划在美国购买的设备并非特殊设备，在其他国家也可以买到。既然现在协议已经废止了，那么原来打算与俄天然气公司签订一项大合同的美国公司就失去了一个优质客户，而美国进出口银行的声誉也受到了损害。可以说，华盛顿试图将其规则强加于国际贸易市场的企图失败了。”[④]

---

① 见 Corzine 和 Thornhill（1997）。

② 见 Luce（1997）。

③ 见 BBC（1997）。

④ 见 BBC（1997）。

那么，有关俄天然气公司几周后为在欧洲筹集30亿美元而“付出了更高的利率”的事情呢？对美国利用资本市场进行制裁而言，这是否意味着在一定程度上取得了成功呢？

绝对不是。第一，与凯西协会声称的不同，俄天然气公司在欧洲举债并非是为了替代其原计划在美国发行的可转债。这30亿美元的辛迪加贷款是在1997年8月宣布的，贷款目的是为了弥补美国可转债和欧洲债券募资金额的不足。简单地讲，宣布贷款的时间比暂停债券发行的时间早了4个月。[①] 所以说，将欧洲贷款描绘成美国可转债的替代品仅仅是一种想象。第二，“更高的利率”这一声明毫无意义，因为这有违真实情况。[②] 单纯的辛迪加贷款的利率自然要比可转换为股票的债券的利率要高。而且，以任何标准来衡量，对俄天然气公司而言，欧洲贷款都是一个成功的举措。贷款的期限是8年，而利率仅比作为基准利率的LIBOR高1.75%，比4月时俄天然气公司所支付的利率低0.25%——当时《欧洲货币》(*Euromoney*)的标题是“俄天然气公司令人惊讶的首笔贷款”。[③] 相比而言，俄天然气公司在俄罗斯国内融资需要付出高于LIBOR 4%的利率。[④]

所以，将俄天然气公司排斥在美国债券市场之外对其公司融资战略或融资成本根本没有任何影响。那么，这是不是至少让美国人避免“承销了一家与支持恐怖主义国家有牵连的公司债券”呢？

回答仍然是“不”。“在欧洲”募集资金的事实并不意味着资本来自欧洲。凯西协会的人要么不知道，要么就是对这一事实装聋作哑：一些美国的大银行参与了此次贷款。《金融时报》报道，花旗银行（Citibank）

---

① 见《欧洲周刊》(1997)。

② 在Pener (2001) 上的声明有一个脚注，提到了凯西协会的另一份公开文献。那份文献没有提到俄天然气公司发行债券的事情。

③ 见Pavey (1997)。

④ 见Pavey (1997)。

和信孚银行（Bankers Trust）均参与其中，这表明“尽管美国政府因俄天然气公司在伊朗有投资计划而威胁要报复它，但美国的银行并没有因此而停止与之进行商业往来。”①

最后，探讨一下俄天然气公司在伊朗的运营所产生的影响，这是制裁威胁的真正目标。1997年10月8日，参议员达马托和纽约共和党众议员本杰明·吉尔曼（Benjamin Gilman）给副总统戈尔（Al Gore）写了一封信，为制裁的有效性进行辩护。信里提出：“鉴于俄天然气公司向政府纳税之巨和其庞大的国内和欧洲天然气网络现代化改造工程，它能从哪里找到那么多资金来支持它的天然气合同呢?”

它能够找到足够的资金。在这封信寄出后的6周，俄天然气公司宣布将投资6亿美元发展伊朗南部的天然气田。俄天然气公司副主席称，公司在美国融资受到阻碍“根本无所谓”。② 1998年5月，克林顿政府得出结论，制裁对俄天然气公司的投资不仅没有影响，反而会使美国与俄罗斯和欧洲在其他对外领域的合作更加困难，③ 因而放弃了本可根据《伊朗—利比亚制裁法案》（Iran-Libya Sanctions Act）对俄天然气公司及其合作伙伴法国道达尔公司（Total）和马来西亚国家石油公司（Petronas）进行的制裁。美国国务卿马德琳·奥尔布莱特（Madeleine Albright）指出：“强行制裁很有可能会引起其他国家针对美国公司采取报复行动，而放弃制裁则可以预防这种报复，并可以避免对某些条约和国际合约提出挑战。”④ 到2004年7月，俄天然气公司和它的合作伙伴已经完成了其在伊朗南部地区金额达20亿美元的投资项目。该投资将使俄天然气公司获得411.5亿

① 见Corzine和Thornhill（1997）。

② 见法新社（1997）。

③ 见Balz（1998）。

④ 见《石油天然气日报》（1998）。

立方米的天然气，可保证在投产后的 7 年里获得高达 16.8% 的投资回报率。①

读者请思考一下，这个凯西协会所吹嘘的制裁成功范例实际上是多么的失败！

3.3.2 "不要在我们的市场上筹资！"中国石油天然气集团公司案例

1999 年 9 月，中国石油天然气集团公司（CNPC）计划在纽约证券交易所（NYSE）上市募集 50 亿～100 亿美元股本的事件首次见报。这一 IPO 计划引起了一些国会议员，尤其是弗吉尼亚州共和党众议员弗兰克·沃尔夫（Frank Wolf）的强烈反对，而反对的理由主要是 CNPC 在苏丹进行商业活动。CNPC 在苏丹的能源行业投资了大约 15 亿美元，而且据报道，CNPC 已承诺未来将有几倍于此的开发投资。反对 CNPC 在纽约上市的人士称，此次发行将有助于苏丹政府继续其已进行了 18 年的内战。据这些人士说，内战已造成了 200 万人死亡，400 万人背井离乡。

明显是为了应对美国的政治风暴，CNPC 决定对自身进行重组，仅让它的一个下属实体中国石油天然气股份有限公司（PetroChina，以下简称中石油，苏丹和其他境外业务的资产已被剥离，不属于该子公司）尝试在美国上市。这个在华尔街被称为"中国墙"的举动让 CNPC 的美国恶意批评者们大发雷霆，认为这是一个毫无实际意义的钻法律空子的举动，目的仅是为了保证其在苏丹业务不受影响的情况下在美国上市。

最强烈反对中石油在美国进行 IPO 的是国会里保守派的极端人物、自由派的极端人物、前共和党政府官员、与基督教权利（Christian Right）有关的组织、美国劳工联合会与美国产业工会联合会（AFL-CIO）、一个旨在保护小企业的名为"美国工商理事会"（U. S. Business and Industrial

① 见俄罗斯国际文传电讯社（2004）。

Council）的国会游说团，以及凯西协会。尽管大多数中石油的恶意批评者们都对苏丹的人权和宗教权利表示关注，但他们只是出于对中国的厌恶才联合在一起。不过，他们之间也有分歧。例如，AFL-CIO 报告的撰写成员之一就说过，他们的报告关注中国劳工市场的情况，而“明显忽视了非正式联盟中的保守派所提出的对国家安全的关注”①。包括俄亥俄州民主党众议员丹尼斯·库西尼奇（Dennis Kucinich）和佛蒙特州社会党人伯纳德·桑德斯（Bernard Sanders）在内的其他人士所担忧的是对西藏环境造成的潜在危害。

工会社团是中石油在美国的唯一劲敌。尽管当时的克林顿总统和 SEC 主席阿瑟·利维特（Arthur Levitt）拒绝进行政治干预或监管干预，但是 AFL-CIO 仍然有能力对某些基金公司管理层的投资政策施加直接影响。AFL-CIO 这样的工会组织控制着工会会员所拥有的数百亿美元养老基金资产，所以它可以依靠大笔的资金和一些董事会席位来支持它的立场。工会和对之持友好态度的民主党人（比如旧金山市长威利·布朗（Willie Brown））均是加利福尼亚公共雇员退休系统（CalPERS）的董事会成员，他们组成了一个工会联盟。这一联盟不仅成功地阻止了 CalPERS 旗下庞大的养老基金投资于中石油，而且还成功地修改了 CalPERS 的投资政策，将劳工情况等因素加入其新兴市场的投资决策体系。另外，美国教师保险与年金协会—大学退休证券基金（TIAA-CREF）也宣布它不会投资于中石油。

最终，中石油的 IPO 规模下降到了 28.9 亿美元。凯西协会将其完全归功于美国反对中石油上市的努力。不过，当时的许多新闻报道在对筹资规模下降的解释中，甚至都没有提到这些反对。媒体（比如《金融时报》）关注的是美国机构的投资者对“中国国有企业的大量雇员，低效、

① 见 Diamond（2003）。

较差的经营管理和负债情况”感到担心。[①] 中石油公布的IPO招股说明书称，IPO筹来的资金将有不少被用作“偿还债务和进行员工买断工龄补偿”，[②] 这必然不能让投资者感到兴奋。其他一些报道提到了当时市场正为高科技企业的证券发行而疯狂（这使得北京后来给予了互联网和电信相关企业的证券发行更多的优先权）。[③]

凯西协会在叙述它们的这次重大胜利时这样总结到：“由于‘（反）中石油联盟’和关注此问题的国会议员的不懈努力”，[④] 中石油的股票从2000年3月31日上市到4月6日，在NYSE的股价跌落了8%。他们没有提到这只股票刚刚在NYSE上市就成为交易第二活跃的股票，而且到4月6日时，股价其实已经稳定，全天变化不大。

然而，收场白比整个故事更有说服力。

中石油在4年内成为苏丹石油行业最主要的力量，这一夙愿的达成并没有受到其在美国市场融资受阻的影响。到2002年，中国成为苏丹最重要的客户：苏丹出口总量的75%是石油产品，而石油产品总量的85%是通过CNPC出口到中国的。到2003年，CNPC在苏丹的生产已占其海外石油生产的近50%，这让苏丹成为中国的第四大石油供给国。2003年CNPC在苏丹的石油产量为567万吨，按苏丹的石油平均价格26.70美元/桶计算，产油价值为11.1亿美元。按39.7%的公司税后回报率计算，我们估计2004年年初CNPC在苏丹的项目价值达21.26亿美元。另外，2004年

① 见Lin（2000）。

② 见Lin（1999）。

③ AFL-CIO是一个大杂烩般的工会联盟。一些共和党议员和西藏的僧侣指责中石油存在侵犯人权的行为，并有在中国大规模裁员的计划。但是香港的分析师们认为中石油上市受阻的主要原因是投资者对石油企业不感兴趣，而对高科技企业情有独钟。据普信投资管理（亚洲）有限公司（Prudential Portfolio Managers（Asia）Ltd.）的一位主管Andrew Look说，“投资者都关注于高科技梦想，而这却是一个旧经济里的企业。渴望刺激的投资者正看着别处”（Landler，2000）。

④ 见Pener（2001：47）。

中石油向其母公司CNPC（持有中石油90%的股份）支付了40亿美元的红利，这也帮助了母公司进行海外扩张。[1]

截至2004年1月，中石油的股价翻了两番，这足以说明资本市场制裁行动与中石油的战略和业绩完全没有关系。最终，联盟的“不懈努力”在中国和苏丹都是徒劳的。不过，好消息是中石油的美国投资者从来也没有因为凯西协会所宣称的“政治风险”而蒙受损失——凯西协会曾宣称自己是如此积极地努力使投资者免遭这种风险。另外，数以百万计的教师、教授和加利福尼亚公共部门的工作者从来都没有享受到这“天上掉下的馅饼”，因为他们的养老基金拒绝购买中石油的股票。

认为CNPC会为在纽约上市而牺牲它在苏丹的业务的想法是可笑的。利用JP摩根的ADR.com上的数据，我们可以计算出2003年8月美国机构的投资者通过香港市场持有的中石油股票的价值比通过纽约市场持有的中石油股票的价值多一倍。换言之，中石油不仅有能力通过香港联合交易所吸引美国资本，而且事实证明通过香港比通过纽约要更成功。沃伦·巴菲特（Warren Buffett）——享有投资大师的美誉——持有中石油公开交易股票的近14%，其中95%是在香港联合交易所购买的。[2] 凯西协会认为，“很难想象美国投资者会大规模涌向特定的一只在海外上市的股票”。[3] 但是，这的确是已经发生的事实。

除个别受工会或政治家控制的基金外，雇用或解雇基金经理的标准是投资绩效。所以，基金经理们会去寻找预期投资回报率最高的股票，而且在这些股票卖得最便宜的地方买进它们。关于在香港上市的股票，基金经理告诉我们，在那里买股票几乎总是便宜的，因为源源不断的亚洲投资者的后续流动性总会持续推高股价。

---

① 见《石油每周情报》（2004）。

② 根据中石油提供给SEC的2003年12月31日的年报，沃伦·巴菲特持有该公司的股票。

③ 见Pener（2001：88）。

这一点很重要。因为当我们考虑 CNPC 因为在美国 NYSE 上市筹资可节省多少成本时，我们会发现，正是这一点使得节省的金额微不足道，特别是当公司还有苏丹业务所带来的现金流的时候。设想美国可以通过阻止一家中国的石油公司在 NYSE 上市而说服苏丹政府停止其自认为对维护政权至关重要的行为，这实在不是那些对外政策制定者所应有的想法。

宣扬宗教自由的人、对华鹰派、宣扬西藏独立的人、工会主义者以及环保主义者均加入“苏丹共同体”（凯西协会给这个折中主义团体起的名字），共同反对中国在苏丹投资。这种做法不仅具有误导性，而且毫无诚意。真正生活在苏丹的著名人权人士针对 2001 年 6 月众议院法律草案（即 2002 年《苏丹和平法案》的最初版本）试图制裁在苏丹进行商业活动的外国石油企业进行了激烈批评。据一位居住在苏丹首都的名叫里法特·马卡维（Rifaat Makkawi）的人权律师说：“国际社会这种已实施了 9 年的孤立政策依然没有任何收效。”如果参议院通过了该法案，则加拿大塔里斯曼能源公司（Talisman Energy）要么就得出售其在苏丹的合资公司的股份，要么就得从 NYSE 退市。一位还在狱中的苏丹人权律师加兹·苏雷曼（Ghazi Suleiman）说：“即使加拿大塔里斯曼能源公司被迫退出苏丹，这也并不意味着其石油生意就会走到尽头。”据苏丹反对派的说法，这些年来加拿大塔里斯曼能源公司一直默默地就人权问题对苏丹政府施加压力，而西方几乎没有别的方法对苏丹政府施加压力。加拿大塔里斯曼能源公司退出苏丹的石油生意仅仅意味着别的公司会在生意上代替它，而这些公司是完全在美国的司法权限之外的，它们因受到西方公众压力而考虑其活动对苏丹民众的影响的可能性将大大降低。① 苏丹唯一的独立报纸发行人阿尔弗雷德·塔班（Alfred Taban）说：“结束虐待的方法不是让这些已在此经营的公司离开。”事实上，最有可能购买加拿大塔里斯曼能源公

① 见 Vick（2001）。

司股份的公司是中国、苏丹和马来西亚的国有石油公司。苏丹财政部长由于意识到这些跃跃欲试的潜在购买者的存在，因此在面对众议院通过的法律草案时表示，加拿大塔里斯曼能源公司是去还是留，苏丹政府都无所谓。①

以下是加拿大塔里斯曼能源公司财务状况的简要说明。在2004年本书写作的时候，加拿大塔里斯曼能源公司当年77%的股票交易量发生在多伦多证券交易所，只有20%发生在NYSE。不过，公司近一半的股东是美国公民。2002年4月，加拿大塔里斯曼能源公司在伦敦的欧洲债券市场发行了5.69亿美元的15年期债券。由于投资者踊跃购买，债券的发行额比原计划多了2/3。该公司CEO吉姆·布奇（Jim Buckee）说："这是加拿大塔里斯曼能源公司有史以来最大规模的债券发行。本次发行将有助于我们扩大在北美以外的固定收益证券的投资者基础。"事实上，在伦敦发行债券的举动明显是为了让公司在将来能免遭来自美国的更多威胁。这一事实也成为了艾伦·格林斯潘（Alan Greenspan）于2000年7月在国会作证时发言的佐证。格林斯潘当时说，美国利用资本市场进行制裁的作用仅仅是迫使人们去伦敦募集资本。② 上述事实表明，即使是对那些美国所有者权益占极大比例的公司而言，逼迫它们去海外市场筹资对美国对外政策的帮助也微乎其微。

那么，苏丹政府是否会为众议院于2001年通过的法律草案而对自己的所作所为感到后悔呢？几乎不会。2004年，苏丹政权因参与了在达尔富尔（Darfur）西部地区的种族清洗而受到广泛批评。在这次暴行中，估计有5万人死亡，120万人背井离乡。防止这样的人道主义灾难需要专门而有力的外交手段，但是美国却选择了"威胁制裁外国公司"这一方法。这是因为，从政治的角度看，没有美国支持者的外国公司是一个容易打击

① 见《卡尔加里先锋报》（2001）。

② 见Cattaneo（2002）。

的目标。结果，这种做法没有在苏丹达到任何政治目的。

如果这种资本市场制裁的做法只是没有效果而已，那么这还不是什么大问题。如果情况果真如此，那么这种做法就可以仅仅被看作是政客们所喜爱的、相对而言没什么害处的、用于在政治上施加压力的阀门，还称不上是十分草率的、对达到目的有阻碍的做法。但是，如同我们将要讨论的那样，这样的制裁可能会对美国的监管体制和资本市场基础造成间接而巨大的伤害。

3.4 劫持 SEC

（《美国市场安全法案》（U. S. Markets Security Act））要求在 SEC 内部设立一个国家安全办公室……为什么这是必要的呢？一方面这符合目前的潮流，另一方面这符合未来时代（经济战争可能取代传统战争）的要求。

——纽约共和党众议员杰拉尔德·所罗门（Gerald Solomon）①

2001 年 4 月 2 日，众议员弗兰克·沃尔夫给 SEC 的代理主席劳拉·昂格尔（Laura Unger）写了一封信，强烈地批评了中石油和加拿大塔里斯曼能源公司在苏丹的活动。信中写到："其他的政府部门对人权问题、国家安全和有关苏丹的问题担负起了职责。在这次事件中，是一些将其证券销售给美国投资者的公司而不是某些政府机构，做出了具有冒犯性质的行为。所以，SEC 作为有权力要求公司为保护投资者利益而披露信息的监管机构，应该认识到这些公司在信息披露方面有重大遗漏，违反了有关要求。SEC 对此应采取行动。"然后，他列出了一份中石油未在其资料中提

① 引自所罗门在参议院银行、住房和城市事务委员会的金融机构和监管干预专门委员会的证词（见 Solomon，1997）。

到的投资“风险”清单。这些遗漏包括“招股说明书中未提及的大规模公开反对中石油的行动（沃尔夫参与其中），这个行动可能会给其股价带来风险”——这恐怕是一个没有立刻表现出来的风险，从中石油在 NYSE 上市到沃尔夫写这封信，中石油的股价上涨了 17%；而到 2004 年年初，该股已经涨了 300%。

众议员弗兰克·沃尔夫的这封信以及此前一个月写的请昂格尔采取措施将中石油从 NYSE 摘牌的信①的主要目的十分明确，即施加美国的政治影响，阻止外国公司在苏丹进行商业活动。尽管在不同层面上对此存在着一些争论，但毫无疑问这是一个合理的美国对外政策的目标。然而，SEC 却不是美国对外政策的一个合法“工具”。

SEC 在美国资本市场上扮演着至关重要的角色。它是竞争规则的中立裁判者，也是投资者财务利益的保护者。一份由高级职员为昂格尔准备的备忘录可以很好地解释这一点，这段关于披露“实质性”原则的阐述可以作为对沃尔夫来信的回答：

“是否要求披露取决于该业务或与业务行为有关的商业活动关系是否具有实质性财务影响。SEC 的披露原则和政策采用实质性的概念。最高法院认为，‘如果理性的股东很可能认为一则信息对做出投资决策而言是重要的，那么该信息就具有实质性’。”

“在评估实质性的时候，SEC 人员认为理性的投资者一般关注的是，事件是否影响了或将会影响一家公司的盈利水平或财务前景（在原文中被强调）。”②

这就是说，SEC 评估实质性的基础是其与投资者财务利益的相关性。SEC 的职责不是向投资者提供建议，告知其什么对投资者（而非对美国）是好的，当然就更加不是对投资者进行可能与公司从事海外业务有关的伦

---

① 见凯西协会的安全政策中心（2001）。

② 见 Martin（2001）。

理、宗教和对外政策事务方面的教育。SEC在全球范围内的公正声誉，正是基于其是否小心地就“某项商业活动值得或不值得私人资本投资”问题保持中立，由它来承担这些“公共职责”显然是不合适的。SEC的这一公正声誉，对吸引经济主体在美国资本市场进行投融资活动至关重要。至于这些“公共职责”，则可以通过立法由合适的相关政府机构来承担。

不幸的是，用《金融时报》的话说，昂格尔对沃尔夫来信的回答不啻于扔下一颗“炸弹”。[①] 昂格尔不仅没有向议员清楚地解释外国公司在受美国制裁的国家（比如苏丹）[②] 进行商业活动既不会使公司成为SEC的制裁目标，也不会因此被禁止以任何方式在美国发行股票，反而总结说，“SEC确实有法定权力要求美国投资者得到关于他们的投资资金被用在哪里及被如何使用的信息”。在这里，昂格尔没有区分这一“信息”是否具有实质性。她还进一步透露，她和SEC工作人员与国务院国际宗教自由办公室的主任和工作人员进行过会面，在会面中她提出了“在苏丹问题上跨部门合作的可能性”[③]（也许他们也讨论了德国基督教科学派的问题，以及如何迫使在NYSE上市的德国公司披露信息的问题）。昂格尔的做法表明她与她的前任阿瑟·利维特的做法非常不同。阿瑟·利维特与克林顿总统一样，拒绝了议员们的请求，既没有阻止也没有推迟中石油的IPO。

关于昂格尔这封如今已十分有名的信，凯西协会的主席罗宾逊则牵强附会地解释道：“这可能表明外国注册公司进入美国资本市场的途径有了巨大的转变……国家安全、人权和宗教自由问题现在被视作对投资者而言

---

① 见Alden（2001）。

② 在美国，由财政部外国资产控制办公室负责经济制裁事务（见http://www.treas.gov/ofac）。

③ 见Unger（2002）。

的实质性风险。”[①] 事实上，通过给外国公司的活动贴上“实质性风险”的标签，就可以给 SEC 施加压力，于是某些集团就可以不加限制地利用对外政策的观点（仅仅是观点，连立法或行政命令都不需要了），将 SEC 的披露信息、调查和强制执行等付诸实践。

这些集团是如何成功地给 SEC 施加压力，使政治因素渗入 SEC 的运作呢？答案是通过经费拨款程序。1999 年，亚拉巴马州共和党众议员斯潘塞·巴楚斯（Spencer Bachus）和俄亥俄州民主党众议员丹尼斯·库西尼奇（Dennis Kucinich）试图推动国会通过《美国市场安全法案》的努力失败了（1997 年已失败过一次）。如果该法案得以通过，那么在 SEC 内部将设立一个“国家安全办公室”。不过，虽然该法案没有得以通过，但 SEC 主席威廉·唐纳森（William Donaldson）2004 年在众议院负责 SEC 经费拨款的委员会发言时爆料，SEC 内部已经成立了一个新的“全球安全风险办公室”（OGSR），负责“识别公司活动可能给投资者带来的实质性全球安全风险”，同时对这些公司进行调查并与其他政府部门共享相关信息。[②] 当时，众议院负责拨款的委员会主席正是沃尔夫。沃尔夫也是创设该办公室的首倡人，他还把创立该办公室的要求列入了委员会对 SEC 2003 年拨款法案的建议之中。

建议中提出的要求是，在美国上市的公司应披露它们是否在被美国国务院确定为与恐怖主义有关联的国家进行商业活动。这就把国务院的清单和 SEC 的监管联系了起来。建议提到，这样要求是出于“在那些高风险国家从事业务对股票价值和公司声誉有风险”的考虑。毫无疑问，建议的这种做法是完全不顾 SEC 有关实质性判断要求的做法。布什总统在就拨款法案签字时就指出，拨款法案的附属报告“没有法律效力”，并且与拨款法案“在法律上不构成整体”。但是，沃尔夫的发言人却明确地表

① 见 Alden（2001）。

② 见 Donaldson（2004）。

示："现在，这是法律，而且希望（SEC）遵守。"①

我们应当认识到，如果国会希望阻止美国人进行某些投资，国会是有权通过立法直接做到的。另外，国会也可以尝试说服白宫发布行政命令。但现在的事实是，众议员沃尔夫等人由于无法说服同僚推动有关议程的通过，转而采取了谴责 SEC 没有很好地履行职责的做法，以变相达到其所希望达到的目的。

3.4.1 于人于己都不利

《国际法律执行通讯》（International Enforcement Law Reporter）在提及 OGSR 的创立时总结到："该计划的有效性以及将投资逐出美国的潜在可能性，在很大程度上将取决于其他国家政府是否草拟和推行了类似的计划。单边的措施将使外国公司把投资移出美国，或是重组其商业结构以适应新设立的部门。"② 那么，有证据支持这一结论吗？

2001 年 7 月，俄罗斯大型石油公司卢克石油公司（Lukoil）对昂格尔信件的反应是，取消了其在 NYSE 上市的计划，转而选择在伦敦证券交易所上市。卢克石油公司称，目前在美国上市有"政治风险"。在向投资者通报外国投资有"政治风险"的借口下，SEC 无情地逼迫外国公司使其信息披露政治化，这终于成功地"促生"了政治风险，使得寻找资本的公司到完全在 SEC 管辖权之外的地区去寻找资本，而在那里，它们可以继续得到美国和其他国家的资本。事实上，美国每一家大型投资银行都是伦敦证券交易所的会员，通过电讯设施，这些投资银行几乎可以在一眨眼的工夫内从世界各地接收交易指令并执行操作。

可是，卢克石油公司的决定却被弗兰克·加夫尼在《华盛顿时报》

---

① 见 Burns（2004）。

② 见 Zagaris（2004）。

（*Washington Times*）上吹嘘成一件可喜可贺的事情，称其是“有里程碑意义的发展”。[①] 事实上，美国国防部情报机构对资本市场运行方式的无知是真正的危险，这些机构的某些人员愚蠢地试图将市场监管变成对外政策的工具。

3.4.2 各种各样的活跃分子都登上了花车

我们非常担心（全球安全风险）办公室的设立可能会是将美国资本市场政治化的第一步，并会成为一个糟糕的政策先例。这个办公室的设立可能会给 SEC 传统的、长期以来广为认可的信息披露标准和“实质性原则”带来麻烦。我们担心，如果一个专门负责制裁的办公室得以设立，那么在不久的将来，其他的政治或社会事务就会被认为也足够重要到需要在委员会内部设立起一个单独的办公室。

——美国证券业协会会长马克·莱克瑞斯（Mark Lackritz）写给 SEC 主席威廉·唐纳森的信，2004-01-20

莱克瑞斯是在杞人忧天吗？

似乎不是。环保主义者如今跳上了资本市场这辆“花车”。他们把证券监管视为在国内和海外扩大环境监管的有用工具。比如，一个有多国政府参加的委员会在其报告中就建议，应强迫上市公司满足新的“有关环境保护信息的披露要求”,[②] 无论该信息是否与投资风险有关。

作为《北美自由贸易协定》（North American Free Trade Agreement，NAFTA）的补充，“环境合作委员会”已被建立起来，目的是应对“自由贸易背景下产生的”环境问题。该委员会中的三个环保主义者（美国、加拿大和墨西哥三国各一个）联合准备了一份报告，报告内容讨论的是这三国在证券监管和财务会计标准中的环境信息披露要求。2002 年，该

---

① 见 Gaffney（2001）。

② 见 Repetto 等（2002：30）。

委员会的一份报告试图在法律上重新定义财务信息披露的“实质性要求”，把财务上不具有实质性的信息变成具有实质性的信息，仅仅因为该信息与环境有关。

SEC 工作人员在 1999 年撰写的《关于实质性的会计公告》（Accounting Bulletin on Materiality）在该报告中被广泛引用。值得指出的是，公告中的原话为：“实质性考虑的是对注册公司财务报表使用者而言某一项目是否具有重要性。”NAFTA 的这个委员会却直截了当地称：“很明显，与管理能力和诚实经营有关的信息，包括未遵守现有法律和监管制度的情况，都是具有实质性的信息，即使从财务上看该信息不具有重要性（在原文中被强调）。”①NAFTA 的这个委员会是如何做出了这样一个令人惊讶的判断的呢？

报告在开头引用了 1969 年《美国国家环境保护法》（U. S. National Environmental Protection Act，NEPA）。该法案在第 102（1）部分写到，NEPA“要求美国的政策、监管和公共法律要在最大限度上与本法的规定保持一致”。仅仅根据这一句话，报告便总结道：“国会因此要求作为联邦机构之一的 SEC，将环境保护列入它的监管要求，以保护公众的利益。”

于是，这份报告就把环境保护纳入了 SEC 需要考虑的范畴。NAFTA 的这个委员会还就公司财务报表发表了声明，称 SEC 的人员说过：“虚假陈述和遗漏……可能是具有实质性的，即使这一财务项目从数额上看是很小的。这其中包括与诚实经营和管理能力有关的虚假陈述，比如公司违反了环境监管要求（在原文中被强调）。”②

这是真的吗？SEC 真的认为，对投资者而言违反了环境监管要求是实质性的事件，所以即使此类事件从财务上看不重要也必须在财务报表里披

① 见 Repetto 等（2002：iv）。

② 见 Repetto 等（2002：24）。

露吗？

绝对不是。SEC 公告的原话是：“在就实质性进行判断时，量和质会相互作用。鉴于此，数额上相对小的虚假陈述……也有可能会对财务报表产生实质性影响。”报告就此举了几个例子，比如为“掩盖收入上的变化或其他趋势”而做出的数额上很小的虚假陈述可能会对财务报表整体产生数额上较大的影响。换言之，那份报告所说的 SEC 认为即使环境信息从财务上看不重要也是需要披露的具有实质性的信息，是完全没有根据的。事实上，SEC 公告绝对没有提到过有关“公司违反环境监管要求”之类的话。NAFTA 的这个委员会的报告在论及美国证券市场监管时语无伦次，它是这样总结的：“数国（在环境信息披露方面）的强制执行工作将与 NAFTA 的投资和持续发展目标更加协调。”

那么，像这样的报告是否真的预先提示了美国上市公司将要面对的新型诉讼和法律义务呢？2004 年 3 月，在 OGSR 成立后，13 个州或市的财务官和一些工会养老基金给唐纳森主席写信，请求 SEC 要求公司对环境风险（尤其是气候风险）做更多的披露。克雷恩（Crain）的《投资新闻》（*Investment News*）指出，这封信和要求成立 OGSR 的法律反映出 SEC “正面临着越来越大的要求对上市公司进行更详细的环境、社会和其他风险分析的压力”。财务顾问们认为，这会导致更多的诉讼和更多的法律义务。不过，正像一位财务顾问反问的那样：“你怎样才能证明你没有危害环境呢？”①

环保主义者施加压力，要求立法限制环境破坏的行动是正确的。但是，想要对 SEC 的有关实质性标准进行控制就完全不合适了，因为这样的行为是试图通过非正常的途径强加给公司新的法律义务，而不是保证其披露现有的实质性义务（后者才是 SEC 所要求的）。

① 见 Hansard（2004）。

至于 AFL-CIO，它广泛地利用其股东身份进行活动以支持它的工会事业。比如，它支持德国工会反对沃达丰（Vodafone）收购曼内斯曼（Mannesman），它还通过领导“分拆运动”（divestiture campaigns）抗议缅甸的劳工现状。[①] 这些与资本市场有关的活动，其结果并不如意，但是作为一种完全合法的途径，这些活动表达了工会组织关于应该怎样进行投资和应该把钱投向哪里的看法（当然，前提假设是工会会员支持把他们的养老基金资产当作“社会投资”的工具）。在遵守法律的情况下，工会会员们选择用他们的养老金进行怎样的投资或不进行怎样的投资，这完全是他们自己的事。他们也有权利劝说别人进行怎样的投资或不进行怎样的投资，就像他们现在所做的那样。

但是，试图利用 SEC 和上市公司信息披露监管制度强迫非美国公司公开声明“某一集团对外交或社会政策的关注构成对本公司投资的风险”就是另外一回事了。这与上述活动的性质完全不同，这种强制披露会使这些公司自此承担法律义务。事实上，支持资本市场制裁的人要求进行强制披露的唯一原因是，他们所关注的其实并不满足实质性标准，于是他们要求公司向投资者披露所有风险。但是，实质性标准恰恰是美国投资者保护制度的基石。如果这些人所关注的问题满足了实质性标准，则要求进行新的特别披露显然是多余的。

3.5 制裁和香肠

世上有两物，爱好者不应去观察其制作过程。两物者，一为香肠，一为法律。

① 见 Diamond（2003）。

奥托·冯·俾斯麦（Otto von Bismarck）这个著名的类比指的其实是法律而不是制裁。不过，两者的制造和兜售过程确实很相似。在本节，我们将全面地看看什么是真实的资本市场制裁。

3.5.1 对投资者而言真的是风险吗？

就像我们已经解释过的那样，SEC 的章程规定它有义务保护美国投资者的利益，但并没有规定它有义务保卫美国的外交利益，更不用说推动了。支持资本市场制裁的人也承认这一点，不过对此做了不同的推理。他们认为，这些制裁其实是保护投资者利益的，因为这些“市场中的实质性风险可能会使某些外国公司的股价大跌”，于是他们很自然地就把这些“高风险”与投资于他们所定义的“世界上的坏角色”（global bad actors）[①] 联系在了一起。而凯西协会则比任何人都更加卖力地“兜售”这个观点。

威廉·J. 凯西（William J. Casey）既当过中央情报局局长，也当过 SEC 主席。作为一位已过世的名人，他的名字在吸引人才为特别激进的金融外交出力方面很有号召力。这家以他的名字命名的协会不断地试图模糊金融和外交的界限，直至把金融当作了极端鹰派的外交工具。按凯西协会关于金融监管的想法，任何他们不赞同的外国商业活动都可以而且应该直接被美国政府贴上“坏投资”的标签。

当我们思考凯西协会的论点时，应该认识到 SEC 已经要求公司在招股说明书和年报中“记述任何有关海外业务的风险，以及某一个或几个业务部门依赖于海外运营的情况（在原文中被强调）”。[②] 这意味着那些新提出的监管政策，针对的是在海外进行合法商业活动的公司，目的是削弱它们在美国发行证券的能力，而不是为了保护美国投资者。

---

① 见 Pener（2001：1，3）。

② SEC 规章 S-K 第 101 条。

最后一点，“坏的”投资并不一定具有高风险，“好的”投资的风险也不一定就更低。一些公司在受美国制裁的国家进行商业活动，它们所发行的证券可能恰恰是非常好的投资机会，尤其是当这些公司没有美国公司与其竞争时（而且，如果对投资者而言真的有实质性风险，那么按 SEC 的监管要求就需要进行披露了）。

对“坏角色”的投资有可能是“好的”投资，这一点是如此明显，以至于凯西协会有时候都不得不提到。让我们看看凯西协会的罗宾逊主席是怎么论及传统经济制裁的：“把经济制裁作为政治工具在美国国会和其他地方受到了前所未有的攻击。这主要是因为我们的盟国缺乏和我们一起进行多边制裁的利益驱动，还因为全球商界奋力反对因安全原因所进行的制裁，这些制裁经常带来出口、利润和工作机会的损失（在原文中被强调）。”① 如果“因安全原因所进行的制裁”常常导致利润上的损失，那么也就是说，这些制裁所针对的活动对投资者而言明显是带来利润的。罗宾逊在这里的论述与他关于高风险的论述在逻辑上是有冲突的，他不可能两边都占理。

可是，罗宾逊似乎想通过他的一家名为“冲突证券”（Conflict Securities）的公司做到这一点。他向机构投资者推销一种叫作“全球证券风险监测器”的产品，这种产品据称可以帮助机构投资者“评估‘那些与恐怖主义国家、大规模杀伤性武器和弹道导弹发射系统扩散有关的公司证券’的资产组合风险”。CalPERS 的投资委员会在 2002 年年底时因收到了该公司的一份备忘录而放弃了一个投资产品，备忘录称这个投资产品组合“没有真正洞察与恐怖主义或国家安全有关的风险”。② 这倒没有什么可惊讶的，因为罗宾逊其实并不真正关心投资风险。不过，他倒不排斥通过给他不赞同的公司贴标签来赚钱。

---

① 见 Robinson，Jr.（1999）。

② 见 Chernoff（2004）。

如果一个公司因在某国从事业务而受到第三国或可能受到第三国的制裁，那么该如何处理呢？此类投资对美国投资者而言是不是也是“坏的”呢？

想象一下SEC要求哈里伯顿公司（Halliburton）在其财务报表里做如下披露：“现在哈里伯顿公司与驻伊拉克美军签订了大量合同。世界上许多国家都认为伊拉克是被美军占领的，而事实也已证明美军与伊拉克阿布哈里卜（Abu Ghraib）监狱里发生的侵犯人权的案件有关。这将对该公司在世界上许多地区从事商业活动的能力产生非常明显的负面影响。”不用说，罗宾逊永远都不会呼吁SEC要求美国公司进行这样的披露。我们猜想，如果SEC这样做了，那么他一定会感到惊骇。

支持资本市场制裁的人有意识地把投资风险与武器扩散风险、宗教迫害、剥削劳动力和环境恶化等“风险”合在一起讨论，目的是利用证券法律和监管为他们狭隘的对外政策服务，而这些政策并不能得到立法机构和行政机构的支持。现在危险的是，他们将要成功了——不是说他们将要达到他们的对外政策目标，而是说他们快要成功地把美国的证券监管政治化了，这会导致外国公司将与美国证券市场“绝缘”，它们将搬到伦敦或其他非政治化的监管机构管辖区域中去。

3.5.2 这真的是在保卫国家利益吗?

在冷战后的世界里，美国与中国的双边战略关系是最重要的——这一点是有据可依的。这一战略关系不应该受到从根本上讲是第二位的问题的干扰，第二位的问题可以有其他的解决方式。

——兰德公司（RAND）研究员詹姆斯·穆尔维隆（James Mulvenon）[①]

① 见Mulvenon（1997）。

如同罗宾逊所说的，由于我们的盟国不配合我们，单边实施传统的经济制裁没有效果，因此需要利用美国资本市场对中国、俄罗斯和其他国家的公司进行单边制裁。但是，我们已经看到，实施单边资本市场制裁并不会比实施单边传统的经济制裁更有效。事实上，由于钱的可替代性，效果可能更差（在德克萨斯买不到战斗机，可能意味着在阿尔让特耶（Argenteuil）可以买到的战斗机性能要差一些，但是在纽约和伦敦借到的钱可没有什么区别）。说到美国盟国的软弱，这倒正合了美国国内某些政治派别的心意，他们爱把美国描绘成在面对其他主权国家的意志时唯一有原则的、坚定的国家，而它的盟国总是软弱的、见风使舵的、易被贿赂的。

不过，事实上，真正的“大戏”却在国外而不是在国内。从尼克松到小布什连续6届美国政府都尝试着以建设性的态度与中国交往，并常常付出相当大的政治代价，以抵制国会在贸易和安全事务上对中国实施强硬路线的企图。我们相信，这一做法获得了正在形成的、人数极为众多的中国中产阶级（他们是世界第二大进口国的经济支柱）的真心赞同。他们将有强烈的兴趣深化与美国及其盟友（尤其是日本和韩国）的商业关系，同时减少政治冲突。我们也同样认为，有些人之所以总是如此热情地支持美国利用资本市场进行制裁，是因为他们在美国国内的政治辩论中总是失败。

3.5.3 “美国的资本”在哪里?

越来越多地使用金融制裁的主要好处是（即与贸易制裁不同的是），进入美国资本市场对外国（比如中国）的大公司而言很可能是非常重要的，而这种制裁一般来说不会导致出口或就业机会的损失……全世界可用于发展的绝大部分资本在纽约，我们于是有了可以利用的工具。如果我们小心谨慎并富有建设性地运用它，那么我们就可以让美国和它的盟国在21世纪里更加安全，即使是单边运用。

——凯西协会主席小罗杰·W. 罗宾逊[1]

---

① 见 Robinson, Jr. (1999)。

认为美国的资本“在纽约”是危险而天真的想法。美国的资本可能是由美国人拥有的，但实际上并不在国内。

研究一下 JP 摩根的 ADR. com 上 2003 年的数据，我们会发现，有 122 家位于欧洲的公司在 NYSE 以美国存托凭证（ADRs）形式上市，美国的机构投资者在欧洲的股票市场上也持有这些公司的股票。平均而言，它们在欧洲直接持有这些公司的股票价值是在美国持有这些公司 ADRs 价值的 7.7 倍。另外，就中国内地的公司而言，美国机构投资者在中国香港持有这些公司的证券价值是在 NYSE 持有价值的 5.8 倍。①

这些数据传递出来的最显而易见的信息就是“美国的投资者会出国去投资”，而非坐在纽约等世界来找他们（如果是这样的话罗宾逊就高兴了）。现在的问题是，如果利用资本市场进行制裁，那么这种资本走出去的趋势就会加速。事实上，如果外国公司被禁止或是不被鼓励在美国的司法管辖范围内募集美国资本，那么它们就会到美国之外去募集美国资本，如同卢克石油公司和俄天然气公司所做的那样。唯一有效的禁止外国公司获得美国资本的做法是禁止美国投资者提供资本。

3.5.4 有办法令资本市场制裁起作用吗？

由于跨投资领域及跨国界套利的存在，任何政府试图通过提高某一特定公司的融资成本而让其放弃具有战略意义的重要业务的企图几乎都是无法实现的。在各金融中心，风险类似的投资其融资成本是趋同的。所以很难想象，有能力的公司会因为无法获得资本而放弃已在计划中的优质项目，从而让对外政策通过资本市场制裁的方法达到目的。

举一个简单的例子。在 2000 年，《中国不扩散法案》（China non-Proliferation Act）刚被提出即遭否决。在这部法案中，有允许总统禁止中

① 若以市值衡量，该比例在欧洲下降到 3∶1，不过对中国内地的公司而言，该比例上升到 6∶1。

国公司在美国发行债券和股票的条款。该法案的提议者之一，田纳西州共和党参议员弗雷德·汤普森（Fred Thompson）说，“这一举措可能足够让中国重新考虑它的某些……”向伊朗、朝鲜和巴基斯坦的“……导弹出售计划”。这是真的吗？

按照强烈支持该法案的凯西协会的估计，“当涉及几百万美元时”，25 个基点（0.25%）的利差就足以让人选择以其中的一种方式而不是另一种方式筹资了。[①] 现在让我们假设一家中国国有公司因为有涉及导弹扩散的业务，所以根据上述法案不得不将其原本打算在纽约发行的 20 亿美元的债券转到伦敦发行，在这个过程中遭受了 25 个基点的损失。那么对该公司而言，这是多大的成本呢？

答案是区区 500 万美元。那么，这家可能通过跨国导弹销售每年获得数亿美元利润的执行中国政府政策的公司，可能会为了节省债券发行中的 25 个基点而停止销售吗？如果这看起来不大可能的话，那再想象一下，这家公司的所有竞争者会因为这家公司被禁止在纽约出售债券而放弃在国外出售导弹吗？好像也不大可能。只有当所有这些公司同时受到资本市场制裁时，才有可能达到对外政策的目的，即阻止导弹扩散。

如果美国投资者对某些公司的投资确实对美国人构成实质性的安全威胁，那么国会和总统就应该运用他们所掌握的巨大权力彻底禁止这一投资。国会和总统努力的目标应该是阻止美国人投资于这些有安全风险的公司，而不是鼓励这些公司在外国的管辖区域里获得美国资本。现在，国会和总统之所以没有对本章提到的那些中国、俄罗斯和其他一些国家的公司采取这样的措施，唯一的原因就是此类禁令未能在立法系统和行政系统获得足够的支持。某些人之所以失败是因为有足够多的同僚认识到，这样做的收益非常有限，但给美国资本市场带来的风险则无比巨大。而且，这样

---

① 见 Pener（2001：21）。

做也会有损于有秩序的全球商业体系和资本流动，而这两者是美国繁荣和安全的依靠。另外，大规模的投资禁令和强制措施也将在全世界范围内危害美国的外交影响力，尤其当外国公司、政府以及美国的投资者觉得这些措施是无理的、不分青红皂白的时候。

3.5.5 透明有什么不好？

我们现在有了一个新的关于……《中国不扩散法案》的建议。这个法案最初是由参议员汤普森提出来的。这是第一次尝试把我们的资本市场和银行系统作为美国对外政策的工具。法案的目标是一个没有谁可以反对的目标，即我们希望各国都不要扩散武器。但是，按我的观点，（把资本市场和银行系统作为美国对外政策的）这个工具是对美国繁荣的真实威胁。

——参议员菲尔·格兰姆（Phil Gramm）[①]

有些人提出，这个法案里关于透明的条款是错误的，会对我们的资本市场造成很大的伤害……难道让美国投资者知道他们辛辛苦苦挣来的钱可能被用来资助向朝鲜或利比亚扩散武器的计划，而这些计划可能对他们的家园构成威胁，这有什么错吗？

——田纳西州共和党参议员弗雷德·汤普森[②]

透明是极好的。但是，我们并不要求五角大楼就战争所带来的环境问题对美国公众进行教育，或是让环保部门向公众讲述毒品战争是如何让拉美衰落的以及与毒品做斗争有什么意义。同样地，SEC 的职责不是告诉美国投资者那些与外国公司活动有关的社会、环境、安全、健康以及其他与投资成本和收益无关的问题。

这是否意味着美国投资者不应该或者得不到有关外国公司活动的消息

---

① 见参议院银行、住房和城市事务委员会（2000）。

② 见 Thompson（2000）。

呢？恐怕不是这样。国会议员、AFL-CIO、凯西协会、报纸的专栏作家以及其他类似的人士都可以确保关于中石油生意的争论会广为人知。迫使SEC以政府名义对公司的披露事项做出警告性提示不会使透明度有任何增加，因为往往只有专业分析师才阅读这些提示。如果有意就美国政府的真实意图发出模糊的信息，则反而会使人感到困惑。

3.5.6 资本市场制裁就真的没有象征意义吗？

按照凯西协会的说法，“无论现在是否有外国公司或政府因资本市场制裁而遭受了巨大的经济损失，在将来的某一时刻，原则性强的美国作为领导者很可能会要求在资本市场上采取行动”。[①] 但是，领导者需要追随者。如果美国永远都不能吸引到追随者共同实施制裁，则象征就只是可怜的无能力的表现。

3.5.7 为什么不愿意放弃资本市场制裁呢？

支持资本市场制裁的人更多地将这种制裁视为实现对外政策目标的战术手段。无论是左派还是右派，这些人都将资本市场中的机构（比如NYSE）视为一个超道德的（amoral）、全球化的“新自由体制”（neo-liberal regime）的核心部分。他们认为这个“新自由体制”有害于国家的利益和“传统的”社会秩序。[②] 这些人代表了反全球化运动的左翼和右翼，也正是该运动使布雷顿森林体系的三家机构，即IMF、世界银行和WTO，获得了近乎神奇的政治力量。这就解释了为什么关于制裁俄天然气公司和中石油的故事里充满了天真的必胜主义的情绪——在达到对外政策目的方面失败了，但是斗争本身有着英雄主义的色彩。

很少有如此强大的力量与如此多的利益和激情绑缚在一起，去做效果

① 见 Pener（2001：85）。

② 例如，见 Diamond（2003）。

如此小的事情。除非有比现在多得多的人理解了把资本市场制裁当成对外政策工具是错误的，否则资本市场制裁这把看似没有成本的、让人感觉不错的外交玩具枪在政治上就仍然会有吸引力，就还会被更多地提起，而这将会既损害美国对外政策的可信性，也削弱美国资本市场的吸引力。

第二部分

货币和危机

第4章　货币危机在安全方面的影响

有时候当我们对经济学进行思考的时候，我们会只就经济学本身进行思考。然而，布雷顿森林体系的背景关乎战争与和平，如果有人不在这一背景下思考，我认为他就犯了很大的错误。

——艾奥瓦州共和党人吉姆·里奇（Jim Leach）①

4.1　地缘经济学的兴起

1972年，当时的美联储主席在向尼克松总统谈及意大利里拉投机问题时，尼克松总统回答说："哦，我才不管什么里拉呢。"今天，如果美国总统收到可能有针对泰铢投机的警告，他就很可能会非常关注。

在20世纪80年代，欠发达国家（LDCs）的债务危机（我们在第1

---

① 1998年2月23日，Snyder、Scott和Richard H. Soloman援引，"超越亚洲金融危机：美国领导力的挑战和机遇"，特别报告29，美国和平学院（United States Institute of Peace），1998-04。

章里讨论过这个问题）让美国的经济政策制定者们深受触动，他们下定决心要保证美国的银行体系不再因海外的贷款风险而动荡，为此他们制定的战略核心是设计一整套最低“资本”要求标准。尽管这一做法带来了一些问题，但到20世纪90年代，银行管理层、投资者和金融媒体都高度关注风险管理的做法取得了成效：当拉美国家、亚洲国家和俄罗斯发生债务危机时，美国的银行业仍然相对十分稳健。①

起初，美国的政策制定者们未能预料到海外金融危机所带来的地缘政治影响。现在，他们发现金融危机并不仅仅是一个经济事件，当初的想法有多么愚蠢。于是，国务院、五角大楼和国家安全委员会逐渐将金融危机纳入对外政策的整体考虑，将金融危机与政治不稳定、国防合作、核扩散、毒品交易、跨国犯罪和恐怖主义联系在一起。到了20世纪90年代后期，全球各地的金融危机频繁发生，波及范围极其广泛，后果也十分严重，该词甚至出现在美国总统的国情咨文里。1998年1月，克林顿总统在国情咨文里提到了亚洲金融危机，并强调了外国经济稳定与美国国家安全之间的联系。②

尽管关于拉美国家、亚洲国家和俄罗斯的金融危机的经济影响已有许多量化分析，但是令人惊讶的是，只有很少的人就“这些金融危机是怎

---

① 很明显存在着威胁美国银行业稳定的因素。最显著的威胁因素是1998年长期资本管理公司的倒闭，该公司曾向一些美国大银行举借巨额贷款。

② “在任何一个地方发生的经济危机都可能影响其他所有地方的经济。最近几个月以来，泰国、印度尼西亚、韩国和其他国家都有着严重的金融问题。为什么美国对此要关注呢……因为它们是我们的战略伙伴。它们的稳定是巩固我们安全的力量”（1998-01-27）。克林顿总统经济顾问委员会主席 Laura D'Andrea Tyson 在接受采访时说：“总而言之，你有一个健康的贸易伙伴比你有一个疲惫不堪的贸易伙伴要好。你花几十亿美元防止韩国对债务违约，这比韩国在违约之后去和朝鲜一起搞核反应堆而你不得不处理这件事要好得多。所以你必须认识到，在我们居住的这个世界里，我们不可能非常清楚地区分我们的军事安全、国家安全和经济安全，我想总统也本能地认识到了这一点。它们都是同一个体系的一部分。”见 http//globetrotter. berkeley. edu/conversations/Tyson/Tyson-con7. html。

样与美国的对外政策和国家安全相关联的”这一问题作过阐述。美国前国务卿基辛格（Henry Kissinger）是其中之一，在其近作里，他用几乎整整一章的篇幅讨论了亚洲金融危机，并指出他发现人们对亚洲金融危机与美国对外政策的真实相关性保持了缄默。

在本章里，我们将讨论在最近8年里由海外金融危机所导致的美国国家安全问题。我们要强调的是，并不是这些危机所带来的每一个后果都对美国的国家安全不利。但是，这些危机迅速而偶然地打破了“安全平衡”（security balance），而安全平衡不仅是制订长期计划时需要考虑的因素，也是计划的目标之一。

第5章将致力于找出引发金融危机的潜在经济原因。第4、5两章的讨论都是为第6章所做的准备工作。在第6章，鉴于我们已了解金融危机的原因和影响，我们将讨论美国的对外政策应如何适应全球资本流动。

4.2 亚洲

1997年，东亚经济圈内许多国家的货币都发生了大幅贬值，这让一个观念深深植入了政策制定者的脑海中，即金融危机是可以传染的。这种传染不仅关乎着经济层面或心理层面，也关乎着政治层面。

对一个国家是否有能力偿还其外债的怀疑，不仅可能会迅速导致对其他国家也产生类似怀疑，而且还会让人们对这些政府可能会采取预防性措施（比如限制资本流动、禁止资本流出等）感到担忧。理性投资者不会坐等那些潜在的脆弱国家在发布官方声明后再去分析形势——如果有人在银行里高喊一声“失火了”，那么在他附近的所有人都会冲向门口。于是，后果是金融崩溃。接下来的惯例是指责出售资产的人是“金融纵火犯”，而美元是他们的“火把”。于是，华盛顿的“火把制造者”们也开始受到谴责。

任何两个遭受危机的亚洲国家的症状都不完全相同。但是在这两个地区都或多或少地存在着一些共同的征兆：

- 本国货币钉住美元，而美元升值导致该国出口竞争力下降和外汇收入减少；
- 银行和其他企业借入美元短期债务，用借款在本地从事长期投资或房地产投机；
- 运用行政干预手段使状况不佳的企业获得了贷款；
- 对银行的贷款及资产负债表监管不力或根本没有监管；
- 本地与政府有关系的企业负债率过高，使得在形势变坏时救助行动几乎无效。

一旦出现了所有这些货币价值被高估的危险信号，在这些货币被大规模抛售之前，这些国家是不是就没有足够的时间采取纠正措施呢？毫无疑问，其实是有时间的。如同纳斯达克 100 指数在 2000 年达到高点时（在今天看来，当时的货币价值明显被高估了）的情况一样，美国投资者和企业也是有时间采取纠正措施的。但是，在这两大事件中，当时都存在着一种乐观情绪，人们相信期望可以无限期地自行实现。换言之，人们认为，只要能继续保持近来超常的增长率，过高的借贷和投资就是有道理的。

尽管如此，汇率崩盘的突然性和破坏性仍可以由一个美国股票市场所没有的特点来解释，即政府承诺无论发生任何情况都将用政策工具和外汇储备来避免本国货币对美元贬值。① 这种政策不仅产生了“使本国银行和企业在行动时丝毫不考虑货币贬值的可能性”的后果，而且更严重的是，这似乎是这些国家政府这样做的目的。它们的想法是，通过这种做法，经

---

① 有人声称这是美国股票市场过去的一种特征，即所谓的“格林斯潘因素”影响的结果。他们认为，美联储隐含的承诺（即如果股市跳水就降息）把股市推到了不现实的高位。

济活动会更有活力，贷款者和借款者会更加相信以本地货币计算的利润是“可信赖的”，可以被用来偿还以美元计价的债务。只要投资者相信政府有能力、有意愿或者是足够疯狂，会采取动用外汇储备或是保持高利率的方法来吓退卖空本国货币的人，这一战略就可以年复一年地保持货币价值被高估。然而，卖空者一旦感觉到政府缺乏意愿和在能力上存在缺陷，就会采取大胆的突袭行动了。

当攻击最终成功时，亚洲金融危机给本地区人民的生活造成了严重影响。货币价值直线下降，银行和公司倒闭，贫困人口新增了约2 200万。① 在危机发源地——泰国，失业率从1997年的0.9%上升到1998年的5.3%，贫困人口大增。就医疗卫生开支而言，当地居民的支出比1996年下降了40%，而且政府也缺少财力支持以减少支出下降所带来的不良影响。就连政府控制艾滋病的预算都缩减了1/3（以实际价格计算）。② 受打击最大的国家是印度尼西亚，卢比暴跌后的价值仅相当于危机爆发前价值的15%。印度尼西亚的GDP在1998年下降了13.8%，这一降幅相当于英国在大萧条最严重的几年里（1929—1932年）GDP的累计下降幅度。③

亚洲金融危机在安全和外交领域也给美国带来了不少头疼的问题。特别是，危机直接导致了地区政治的不稳定，这其中包括泰国、韩国和印度尼西亚政府的更迭。危机还导致官方反美言论大增，关键盟友在地区防务上的承诺大幅倒退，跨国犯罪增加，民族冲突复燃，极端的、反民主的伊斯兰运动得以发展，有些组织甚至公开宣扬和从事恐怖主义活动。以下我们将分类研究这次危机所带来的各种政治问题。

---

① 见《经济学家》（2004）。

② 见Atinc和Walton（1998）。

③ 见http：//www. stratwar. com/Countries _ Indonesia _ Bali _ President. htm。

4.2.1 反美主义

东南亚国家的领导人发现，在俄罗斯进行经济改革的时候，华盛顿给予了大量的关注和帮助，而当经济危机不断冲击东南亚地区时，华盛顿却表现得冷漠无情，他们对此非常愤怒。[①] IMF 在提供资金援助时所强加的条件被视为华盛顿阴险的投机行为，目的是乘着危机帮助美国银行和其他美国企业轻易进入亚洲市场。华盛顿反对成立亚洲货币基金组织（Asian Monetary Fund）的举动则被视为是它试图继续在无视政治和社会影响的情况下干涉亚洲经济事务的表现，这种声音在该地区层出不穷。如马来西亚首相马哈蒂尔·穆罕默德（Mahathir Mohamad）和日本前财政部副部长神原英资（Eisuke Sakakibara）都回击说，美国是“任人唯亲的资本主义”（crony capitalism），而正是这种资本主义损害了亚洲的经济。他们还指责，贪婪的美国对冲基金和其他货币投机者才是这场大浩劫的真正始作俑者。这些言论使得关于“如何用以市场经济为基础的社会中的文化价值冲突解释金融危机”的争论深化了。

当时，由于关于朝核问题的谈判正在紧张进行中，美国在朝韩接壤的地方驻扎了36 000名美军，因此韩国快速上升的反美情绪尤其让华盛顿感到沮丧。美国为IMF的援救计划创纪录地提供了570亿美元。该项计划被描绘为“鲍威尔主义的金融翻版”（the financial equivalent of the Powell Doctrine），意为这是选择恰当时机发挥决定性力量的计划。[②] 当1997年12月3日该援助计划公布时，许多韩国人的反应是愤怒。执政的大国家党（Grand National Party）指责IMF“像一个经济征服者一样行

① 例如，见 Jawar Hassan（1999）。

② 见 Sanger（1997）。

动”，而在野的新政治国民会议（National Congress for New Politics Party）[①]称，应把12月3日定为“国家经济耻辱日”。媒体为韩国失去了“经济主权”而哀叹，并使用了“经济托管”这样的说法，将IMF的计划类比为第二次世界大战后美国、苏联、英国和中国对韩国的四国托管。媒体还指责美国利用这次危机进一步扩大了其在韩国的商业利益。例如，将韩国公司中外国资本所占的股权比例上限提至50%等重要的改革计划，若在正常的情况下进行，定会激起许多争论，而IMF却仅给韩国12天的时间将该项改革计划付诸实践。[②] 用《韩国时报》（*Korea Times*）的话说，“每个人都知道IMF是被美国控制的”。[③]

许多韩国人都认为，如果当初由日本提供200亿美元的紧急贷款，那么韩国就可以避免求助于令人憎恨的IMF。但是，克林顿政府反对韩国接受来自日本的双边援助，并敦促韩国与IMF打交道。在韩国人看来，IMF仅是美国财政部的传声筒而已。虽然韩国政府官员因成为美国政府的帮手而感到耻辱和痛苦，但他们仍把自己视为美国和愤怒的韩国民众之间的缓冲器。一位韩国财政经济部的官员解释说：“如果在我们与IMF的谈判过程中美国政府所起的反面作用广为人知，韩国就可能会爆发反美情绪。”[④] 这里还涉及了美国在该地区所推行的政策的另一个重要方面——国防。

4.2.2 国防

“在过去的10个月里，令该地区动荡不安的金融危机对美国的安全政策有着广泛的影响。在过去的半个世纪里，美国在亚洲的驻军为亚洲国

---

① 新政治国民会议由金大中于1995年9月5日创立，现称为新千年民主党，简称民主党。——译者注

② 先前的股权比例限制是，外国个人为7%，外国合资公司为26%。见Reuters（1999）。

③ 见《韩国时报》（1998）。

④ 见《韩国时报》（1998）。

家取得史无前例的经济发展奠定了良好的基础。但是，在和平和稳定使经济发展成为可能的同时，经济发展反过来也巩固了和平和稳定。两者之间其实是紧密关联的。正因为如此，对该地区造成极大影响的经济危机也理所当然地使得该地区的安全荡然无存。”

——美国东亚和太平洋事务助理国务卿斯坦利·罗斯（Stanley Roth），1998[①]

“美国视亚洲金融危机为核心安全问题。”

——五角大楼报告，1998[②]

亚洲金融危机对该地区所有政府的安全政策都产生了重要的直接影响，因此美国政府认为，中国和朝鲜潜在的损害美国利益的能力相对提高了。对克林顿政府而言，这既是一个外交挑战，也是一个经济挑战。而且，如果危机发生时该地区的政治气氛更紧张些，那么这些挑战将会很容易升级为一个军事挑战。

令人担忧的是，危机使得美国在该地区的盟友的国防能力下降了。如同一位分析师总结的那样，“危机将使准备变得很不充分。它使国防开支减少，使美国政府做出的所有承诺打折，使联合军事演习减少，使武器供给减少，使跨国军事合作减少”。[③]

印度尼西亚、马来西亚、泰国和菲律宾在1996年后都大幅削减了军事开支。四国国防开支总额在1999年降到了最低点。扣除物价因素，1999年的开支总额仅相当于1996年的76%，而且直到2002年，开支总额仍未超过1992年的水平。[④] 菲律宾总统约瑟夫·埃斯特拉达（Joseph

① 见罗斯在众议院国际关系委员会亚太小组的证词。见Roth（1998）。

② 《亚洲太平洋地区的美国安全战略》，见 http：//usinfo. state. gov/regional/ea/easec/easr98. htm。

③ 见Blank（1999：19）。

④ 国防开支统计数据来自斯德哥尔摩国际和平研究所（SIPRI）。

Estrada）曾宣称，菲律宾政府已负担不起军队的现代化建设，将不得不在国防上依赖美国。亚洲盟友购买美国武器的计划（尤其是泰国购买F18和AWACS的计划）也被推迟或取消了。泰国政府不满于华盛顿对金融危机的反应，并告知美国国防部长威廉·科恩（William Cohen），美国将不再可以自由使用泰国的空军和海军基地（过去，这些基地是美军前往波斯湾和东北亚地区的中转站）。①

更糟糕的是，该地区的军事资源被用于消除日益增加的地区冲突的行动中。例如，印度尼西亚发生了骚乱，马来西亚用它的海军和空军力量驱赶从印度尼西亚逃来的难民。在印度尼西亚国内，军队被用来平息针对华侨商人阶层的暴乱。

东南亚国家传统国防策略的基础在于，它们认为中国会因实力的上升而不满于台湾地区乃至中国南海诸岛②的领土现状。当金融危机迫使东南亚各国的国防开支骤减的时候，中国却仍在它的海军、空军和战略导弹部队上大把花钱，在1998年其国防开支上升了近13%。这让美国的国防分析师们深感不安，他们担心随着时间的推移，中国在主权问题上会越来越具有攻击性，尤其是在南沙群岛问题上，因为这可能直接导致与文莱、马来西亚、菲律宾、中国台湾和越南的冲突。③ 1999年，中国试射的东风31型导弹可以打到美国西海岸，这一事实显示出中国阻止美国军事介入该地区的能力日益增长。鉴于此，国防分析师们越来越担心东盟（ASEAN）沿海成员国最终将不得不承认中国对南中国海进行军事和政治控制。④

---

① 见Simon（1998）。

② 原文为the South China Sea islands，直译为南中国海诸岛。为昭示主权，本处译为中国南海诸岛。——译者注

③ 例如，见Cossa（1998）。

④ 例如，见Buszynski（1999）。

在东北亚，金融危机使得人们对朝鲜半岛再次紧张的局势感到担忧。1998 年 8 月，朝鲜出人意料地针对日本进行了“大浦洞”1 型导弹的试射。这让日本和韩国都很警觉，它们把这视作朝鲜试图利用该地区不稳定的政治经济局势进行挑衅的行动。[①] 与此同时，韩国民众针对美国和 IMF 的示威行动，让人们对韩国政界可能会长期支持美国在该国驻军感到担忧。

并非金融危机之后的所有地区安全局势的变化都不符合美国的利益。例如，为削弱中国作为该地区强国崛起的影响，菲律宾在军事上与美国、韩国、马来西亚和越南等东盟伙伴的关系更密切了。[②] 韩国于 1999 年首次与日本进行了联合海上演习，这是对朝鲜挑衅的反应。可以说，美国在该地区的盟友之间的关系出现了改善迹象。毫无疑问，这是个可喜的发展。但是，这就像陷在烂泥里的汽车被龙卷风卷了出来一样，没人会感谢龙卷风，人们唯一期望的就是汽车可以平安着陆。

4.2.3 跨国犯罪

在金融危机的冲击下，泰国、菲律宾和印度尼西亚三国的跨国犯罪率节节上升。犯罪行为包括贩卖人口和其他形式的非法入境、毒品生产和走私（泰国）、海盗行为（泰国和菲律宾）等。这些问题因警察裁员（泰国和印度尼西亚）、将执法力量用于维护公共秩序（印度尼西亚），[③] 以及海洋巡逻的减少（印度尼西亚的海军预算减少了 2/3）而更加严重。1998 年，在南中国海因海盗袭击或武装抢劫导致死亡的人数骤然增多。海军军

---

① 例如，见 Buszynski（1999）。

② 例如，菲律宾于 1998 年 2 月就与美国签订了《军事访问协定》（Visiting Forces Agreement），允许美军和菲律宾海军举行联合演习，并同意和韩国、马来西亚和越南一起进行海上军事演习。

③ 例如，见 CSCAP（1999）；Brandon（2000）；Progressive Policy Institute（2004）。

官们深感忧虑，除非巡航力量得以重新加强，否则马六甲海峡的局势就会极度恶化，甚至有可能出现重大的恐怖主义事件。[①]

4.2.4 种族冲突

在印度尼西亚，华裔居民占总人口的比例仅为3.5%，但控制了全国近75%的资产和十大财团公司中的九家。在金融危机的冲击下，食品、汽油和其他主要产品的价格暴涨，于是华裔居民的居所、公司和教堂成了抢劫和纵火的目标。[②] 长期以来，华盛顿一直都很关注当地华裔与印度尼西亚及马来西亚的本地族裔（主要是穆斯林）之间的冲突，担心这会导致其与中国之间紧张关系的升级，因为直到20世纪80年代末期，中国都视东南亚华裔为中国公民。[③] 而难民潮，尤其是从印度尼西亚到马来西亚和从缅甸到泰国的难民潮，加剧了该地区的政治紧张局势——尽管在政治合作方面日臻成熟的东盟已经帮助该地区把难民潮限制在可控范围之内。[④] 印度尼西亚的亚齐省（Aceh）是印度尼西亚外逃难民的主要来源地，危机在该地孳生了分裂主义的情绪，并引起了大规模的游行示威活动。危机也推动了东帝汶的独立运动，这让人们对印度尼西亚群岛长期的领土完整产生了疑虑。[⑤]

4.2.5 恐怖主义

在这一地区，社会经济因素进一步激化了伊斯兰激进运动……1997年以来的亚洲金融危机也给该地区各国政府在关键领域（如教育）上的

---

① 例如，见Bulkeley（2003）；Dillon（2000）；Chalk（2002）；Smead（2001）。

② 见Kontogeorgopoulos（1999）。

③ 见BBC新闻（1998）。

④ 见Buszynski（1999）。

⑤ 例如，见Flanagan、Frost和Kugler（2001）。

开支增加了压力，而这恰恰增加了宗教学校的吸引力。而且，一些资金充裕的伊斯兰激进分子也有能力给他们的信徒和信徒的家庭（若该信徒在战斗中死去）提供经济上的支持。这在边远地区和经济不发达地区具有极大的吸引力。

——澳大利亚议会报告①

东南亚恐怖主义组织“伊斯兰祈祷团”（Jemaah Islamiyah，JI）是由印度尼西亚裔在马来西亚成立的组织。该组织成立的时间大约是 1995 年。许多人都相信，2002 年 10 月在印度尼西亚巴厘岛炸死 200 余名外国游客的恐怖主义袭击事件的幕后策划者就是 JI。基地组织给予了 JI 金钱、训练和武器装备上的支持，而 JI 则在金融危机造成的经济、政治混乱局面中“大展拳脚”。该组织的创立者之一、印度尼西亚牧师瑞丹·伊穆丁（Riduan Isamuddin），绰号汉巴利（Hambali），被认为是基地组织在该地区的代理人。在 1997 年和 1998 年，也就是危机最严重的那两年，此人开始积极他在该地区组织武装力量。②

JI 组织的崛起主要与五个危机因素有关：

- 该地区的就业形势急剧恶化；
- 该地区的 300 万穆斯林对经济窘困十分不满，极端主义、政治激进主义和好战主义盛行；③
- 公立学校资金不足，适龄学生转投伊斯兰寄宿学校，而这些学校宣扬反西方的思想；④
- 印度尼西亚、马来西亚和菲律宾出现了全国性的政治危机，一些资金充裕的极端分子得以填补权力真空，而弱势的政府因害怕极

① 见 Frost、Rann 和 Chin（2003）。

② 例如，见 Laksamana. net（2002）。

③ 例如，见 Scott Tyson（2002）；Clamor（2002）。

④ 例如，见澳大利亚工党外交事务发言人 Kevin Rudd 在 Kerin 上发表的声明（2003）。

端组织的报复而不愿意与之作斗争，如印度尼西亚政府，即继苏哈托政府之后的梅加瓦蒂（Megawati）政府；

- 在对日益复杂的、相互之间联系越来越紧密的恐怖组织进行监控方面，地方政府失灵。①

有关经济环境与恐怖主义两者关系的实质是一个颇有争议的问题。遭受剥削或是缺乏机会并不会直接导致恐怖主义，但是它们在助长恐怖主义方面确实起到了推波助澜的作用。就东南亚而言，经济的崩溃显然导致了占统治地位的政治精英阶层与普通民众之间产生了深深的不信任感，从而增加了极端主义势力的吸引力。

4.3 俄罗斯

1998 年 8 月，俄罗斯政府没有能力偿还巨额短期债务，卢布骤然贬值。1998 年的前几个月里，俄罗斯政府约 1/4 的开销用于支付利息。另外，俄罗斯政府每周还新借 10 亿美元的债务，用于偿还已到期的债券——这种被称为 GKO 的短期国库券的 1/3 由外国投资者持有。在 IMF 拒绝继续给予援助之后（IMF 自 1992 年以来已经提供了 220 亿美元），GKO 的利率从 4 月的 25% 暴涨至 8 月的 150%，最终迫使俄罗斯政府债务重组和卢布贬值。

对美国而言，俄罗斯金融危机导致以下两个事关安全的问题严重恶化。首先是俄罗斯有组织犯罪的极度扩张。这些犯罪组织从事洗钱、绑架、武装抢劫、纵火和在全球范围内贩卖军火等活动。其次是俄罗斯政府在安全保卫和销毁大规模杀伤性武器方面的资金和控制能力大大下降，而

① 见 Scott Tyson（2002）。

相应地，犯罪集团获取和向国外出售大规模杀伤性武器的风险大大增加了。

4.3.1 有组织犯罪

俄罗斯的银行系统不仅持有大量的 GKO 债券，而且还承受着担保 GKO 债券外国持有人的汇率风险。但这次，它们因为俄罗斯政府的错误和卢布贬值政策而崩溃了。银行系统的崩溃严重影响了莫斯科与地方政府之间的财政、金融关系，迫使现金极其紧张的地方政府和公司进一步深陷于早已存在的、腐败的非正式外汇交易市场，也迫使它们不得不更多地进行易货贸易。有组织犯罪集团不仅填补了权力真空，控制了这些交易，还建立起了自己的“暴力司法系统”，用以对付反对它们的人。它们甚至还通过俄罗斯的国家安全机器扩大了自己的势力范围，把触角伸到了波兰、匈牙利、哥伦比亚、巴西、以色列和美国等国家。1999 年，俄罗斯犯罪组织通过纽约银行（Bank of New York）进行大规模洗钱活动的事件曝光，涉案金额据估计高达 150 亿美元。美国的一份关于俄罗斯有组织犯罪的报告呼吁美国总统公开承认这些问题是对“国家安全的威胁”。[①]

4.3.2 武器扩散

因为绝望的人会做出令人绝望的事，所以我们要对世界上任何有粮荒且在经济上毫无希望的地区保持关注。但是，如果绝望的人有获得大规模杀伤性武器的可能，我们所需要做的就不仅仅是关注了。我们处理这些问题应像处理冷战一样，要集中精力，要态度严肃。

——印第安纳州共和党参议员理查德·卢格（Richard Lugar）[②]

---

① 《国际战略研究中心关于全球有组织犯罪的报告书》（2000）。

② 参议院军事委员会证词（3 月 23 日，1999：2），见 http：//armed-services. senate. gov/statement/1999/990323ew. pdf。

全球性的经济危机在1998年波及到了俄罗斯，这极大地增加了大规模杀伤性武器扩散的潜在危险……根据国防部的估计，在目前经济危机的情况下，销毁多余的导弹、轰炸机和弹道导弹核潜艇对俄罗斯政府而言并非预算上的优先支持项目。我们相信，莫斯科不仅不会拆除这些大规模杀伤性武器，反而很可能根本就无暇顾及它们。如果这些武器落入敌对分子手中，我们担心，对美国而言这就意味着严重的武器扩散的危险。

——前任助理国防部长爱德华·L. 华纳（Edward L. Warner）①

卢布的崩溃使得俄罗斯的武器和武器原材料保卫工作出现了危险的漏洞。1998年9月，一支美国代表团访问了位于莫斯科的库尔恰托夫研究所（Kurchatov Institute）。在那里，他们发现，有100多千克的高浓缩铀（足以制造好几颗原子弹）完全没有任何安全守卫。这家机构已经付不起每月200美元/位的保安经费了。在新地岛核试验场（Novaya Zemlya nuclear test site），负责守护设备的一些士兵杀死了一名保卫人员，劫持了人质，他们在缴械之前还试图抢劫一架飞机。11月，有报道称，某些核设施的保卫人员离开岗位去寻找食物，还有一些人因为没有御寒的衣服而拒绝绕着设施巡逻。某些核设施区域的警报器、监控摄像头和其他安全设施因为停电而无法正常工作，而停电仅仅是由于没有付清账单。车里雅宾斯克-70（Chelyabinsk-70）是俄罗斯的一家重点核武器研究室，那里的工人举行了罢工，抱怨他们缺少食物、医疗保障以及为孩子们购买衣服和支付教育费用的钱。② 12月，俄罗斯车里雅宾斯克地区的安全部门首脑报告说，负责某一核设施的员工在试图偷取18.5千克可用于制造武器的核材料时被抓住。③ 总之，银行系统的崩溃致使许许多多的保卫机构都失去

① 参议院军事委员会证词（3月23日，1999：9，11），见 http：//armed-services.senate.gov/statement/1999/990323ew.pdf。

② 见 Bunn（1998）。

③ 见 Dalton（1999）。

了它们的存款。

美国专家估计，由于金融危机，大约有650吨未用于制造核武器的高浓缩铀和钚有被盗和扩散的危险。[①] 在横跨欧亚两洲共11个时区的广阔地区里，各处的民用科学研究中心和军事研究机构里的这些材料都处于高度危险之中。自危机发生以来，关于盗取和贩卖俄罗斯核材料或放射性材料的案件时有发生。[②] 犯罪组织和某些在薪酬和社会地位方面都严重下降的军人被深深地卷入了武器交易。[③] 很难估计到底有多少致命的材料进入了国际市场，而这一直是美国的国家安全专家最担心的事情之一。

4.4 拉丁美洲

20世纪80年代后期老布什总统执政后，一个非常明显的现象是，美国对拉丁美洲实行创纪录的、连续性的、建设性的帮助政策。这一政策收到了良好的回报，在20世纪90年代前半期，拉丁美洲出现了明显的亲美主义高潮。在20世纪90年代后半期，蜜月期结束了。

20世纪90年代后半期，拉丁美洲经济严重低迷，以阿根廷的金融崩溃和巴西危机最为严重。拉美经济的平均年增长率在20世纪90年代前半期为4.2%，到后半期下降到仅为2%，而在2000年以后甚至变成了负值。2003年，失业率达到了20年以来的最高值，而贫困率还在继续上升。私人储蓄流出了该地区，流出额约计7 000亿美元。[④] 与经济困难相伴的是，对私人经济部门和市场力量的敌视风潮抬头了。所以，政治上的

① 见Hoffman（1998）。

② 见《核威胁倡议》（2003）。

③ 见Williams（1999）。

④ 见Stratfor（2003）。

变化就不足为奇了——支持华盛顿经济改革计划的领导人被赶下台，试图在不同程度上中止或逆转前任政策的一些左翼政治家上台了。

从华盛顿的角度看，美国对拉丁美洲的政策与20世纪80年代后期相比，在友好程度方面和建设性方面一点也没有变差。但是，美国国境线以南地区的人们却认为，他们的经济困难与美国的政策有着密切的关系。人们有这种感觉的主要原因是，在1994年墨西哥比索危机的时候美国给予了墨西哥巨额的一揽子援助，而在其后的阿根廷和巴西危机中美国没有这么做。这些地区的人们认为，这不是因为1994年的墨西哥比索危机所造成的“传染性恐惧”（contagion fears）比阿根廷和巴西危机严重，而是因为美国已把拉丁美洲视为政治上无关紧要的地区。

在阿根廷，这种感觉最为强烈。《华盛顿邮报》（*Washington Post*）对公众情感在过去10年里的变化描绘如下：

“20世纪90年代时，阿根廷经济在美国支持下的‘自由市场改革’中起飞，‘美国式’在这个跳动的大都市（布宜诺斯艾利斯）里是时髦的、酷的。大量的投资缓解了布宜诺斯艾利斯和华盛顿长达几十年的紧张关系，就连夜总会舞池的地板上都绘上了星条旗图案。英语词（如shopping、fashion）成为了当地的词汇。电影院也开始采用外国做法，如向顾客出售爆米花，以取悦那些拼命试图以美国方式生活的顾客。

然而，当拉丁美洲第三大经济体开始经历自大萧条时期以来最严重的经济衰退时，反美情绪开始上升。在布宜诺斯艾利斯，银行、麦当劳餐馆和其他美国的标志性建筑遭到了攻击。阿根廷的新闻杂志和政客甚至开始宣称，美国密谋摧毁阿根廷经济。”①

为阻止（或减缓）阿根廷比索的迅速贬值，IMF在提供贷款时所要求的条件，被阿根廷人普遍视为美国想出来的、试图暗中支持美国商业机

① 见Faiola（2002）。

构的勒索行为。IMF要求阿根廷废除支持本土高负债企业的法律，也被阿根廷人普遍认为是美国的阴险伎俩，是为了帮助美国债主兼并阿根廷的传媒和大型农场。主流新闻周刊在封面新闻上说，华盛顿正试图加重阿根廷的危机，以推翻总统并进一步推动比索贬值，想以此帮助美国的公司攫取潘帕斯草原上最好的农场。反对派的政治家们鼓吹反美利益的言论，断言美国正试图利用这场危机把这个国家的大部分买下来。①

在整个拉丁美洲，人们都感到被华盛顿背叛和抛弃了。据《纽约时报》（*New York Times*）一份发自巴西的报道称，“美国……正在为该地区人们所认为的它的冷漠付出代价。人们认为，在他们的领导人听从了美国的建议、开放了市场以迎接全球化的短短几年后，美国对横扫该地区的经济危机表现出的却是冷漠……当地的一位民调者兼政治分析师菲利普·诺盖拉说：‘当你承诺全球化和自由的市场时，人民激动地想也许繁荣的美国梦就快到家里来了。’但是，如今这一地区的公众——用他的原话说——‘就像一只咆哮的狗’”。②

4.4.1 民主化

拉美地区陷入金融危机的情况侵蚀了民众对民主政治的信心。

——乌拉圭前总统桑古奈提（Julio María Sanguinetti）③

联合国《2002年发展报告》调查发现，对大多数拉美人来说，如果可以改善其经济状况，他们宁愿要一个独裁者。民主在这个地区正经历着“深刻的信任危机”。④ 保证拉美人不把民主化与贫困化联系起来的关键是，保护好他们的存款，不让他们的存款因为通货膨胀和货币贬值而再次

① 见Faiola（2002）。

② 见Rohter（2003）。

③ 见《美洲国家组织》（2002）。

④ 见《联合国发展计划》（2004）。

大幅缩水。如果在这一点上失败了，美国和拉丁美洲的关系又将退回到20世纪70—80年代的黑暗时期，那时华盛顿的政治选择常常被局限于，要么容忍一个反美的左翼政权，要么支持右翼的独裁者。

4.4.2 毒品和洗钱

委内瑞拉因地理位置靠近哥伦比亚且金融市场相对发达而成为毒贩洗钱的主要中心地之一。委内瑞拉的洗钱交易与哥伦比亚的可卡因贩毒活动有着密切的联系。尽管毒品收益主要为哥伦比亚人或第三国人所占有，但洗钱的网络却主要由委内瑞拉人控制。洗钱交易常常涉及美元现金的兑换和其他结算工具（如哥伦比亚比索信汇或委内瑞拉玻利瓦尔信汇等）的运用。

委内瑞拉政府于1994年对外汇兑换施加了限制，以阻止金融危机发生时的资本外逃。尽管委内瑞拉政府的原意并非如此，但这一政策还是在客观上促成了一个庞大的、非法的平行外汇交易市场的迅猛发展，这为洗钱者们提供了新的机会。① 于是，金融危机、洗钱和毒品交易联系在了一起，共同为美国的安全、法律执行和公众健康问题带来了隐患。

4.4.3 恐怖主义

阿根廷、巴西和巴拉圭三国的交界地带（TBA）长期以来一直是毒贩、军火走私商、性交易控制者、洗钱者和恐怖分子的天堂。该地区松懈的移民管理以及官员的腐败，使得许多来自世界各地的伊斯兰极端分子通过购买假护照和签证等手段轻而易举地进入此地。② 可以确信，真主党、哈马斯和基地组织都在该地区活动。据称，本·拉登本人曾在1995年时

① 见国际麻醉品和执法事务局（1996）。

② 见美国国会图书馆联邦研究部（2003）。

也在该地区活动。[①] 2001 年 10 月，FBI 报告称，有证据表明这一地区是基地组织在拉丁美洲的活动中心。[②]

阿根廷一直是美国在拉美地区反恐行动的主要合作伙伴，在与美国政府分享 TBA 地区情报方面一直表现得最为合作。[③] 但是，根据美国国防情报官员的说法，由于阿根廷动用了更多的资源去控制国内的反对势力，所以从阿根廷得来的关于交界地带恐怖分子活动的情报减少了。[④] 2002 年 3 月，国防问题分析师哈罗德· 特林库纳斯（Harold Trinkunas）和杰克·布尔斯顿（Jack Boureston）对金融危机的影响描绘如下：

“危机……对阿根廷和整个地区的安全有着深刻的影响。从短期看，控制在大城市发生的骚乱的频繁行动使得阿根廷警察疲惫不堪，这削弱了他们处理其他威胁国内安全问题的能力。尤其值得注意的是，与哈马斯和真主党有联系的恐怖组织可能在阿根廷、巴西和巴拉圭三国的交界地带活动。这些组织与 20 世纪 90 年代以色列驻布宜诺斯艾利斯大使馆爆炸案有关。交界地带的警察力量原本就不足，而在整个地区局势混乱的时候，阿根廷安全力量的削弱可能会给这些组织创造进一步壮大的新机会。”[⑤]

2003 年 3 月，美国陆军中将詹姆斯·T. 希尔（James T. Hill）在众议院军事委员会就危机的影响发表演讲时说：

“最近几年，南半球经济上的绝望和社会环境的脆弱为国际恐怖主义、毒品恐怖主义，以及毒品和武器非法交易创造了沃土。这正是我最担忧的地方和需担负起的职责。除非拉美地区和加勒比地区政府可以为它们的公民提供安全、稳定和使生活状况好转的机会，否则这些非法活动就会

---

① 见《圣保罗州报》(2003)。

② 见 Meirelles Passos（2001）。

③ 见 Wishart（2002）。

④ 见对国防情报署阿根廷事务官的采访（2002）。

⑤ 见 Trinkunas 和 Boureston（2002）。

继续蔓延，而民主政治的基础在这些跨国威胁的重压下就极有可能被粉碎。”①

鉴于这些威胁与美国的边界如此邻近，避免出现希尔中将所描绘的安全真空有多重要是显而易见的。

4.5　下一步

自尼克松总统不理会意大利里拉的大幅贬值以来，国际金融界发生了很大的变化。20 世纪 80 年代以后，美元先是大规模地、迅速地流入了发展中国家，接着又以同样的规模和速度流出。一国货币的币值稳定与国际关系的关联性越来越强。有时候，对美国而言，这是一种危险的关联。尽管危机所带来的政治影响并非一定与美国的利益相违背，例如印度尼西亚的民主化就与美国长期倡导的关于该地区的目标相符，但大多数是明显违背美国利益的。而且，由于这些影响是在一个混乱的、相对恶劣的环境中发生的，因此给美国带来的可能不仅仅是挑战，更是安全危机。

了解金融危机发生的原因，是把预防金融危机和限制金融危机影响作为美国对外政策有效组成部分的第一步。下一章的目标就是迈出这第一步。

① 见 Hill（2003：3～4）。

第5章　金融危机的经济学原因

5.1　这是货币，笨蛋!

在过去的20年里，金融危机打击了拉丁美洲和亚洲的许多国家，也打击了除西欧以外的其他一些国家，尤其是俄罗斯和土耳其。罗宾尼（Roubini）和塞泽尔（Setser）总结说："所有的危机都是独特的。"[①] 确实，没有任何两个危机国家所暴露的缺陷完全相同，也没有任何两个危机国家在采取了相同的政策后所表现出来的市场反应完全相同。但是，危机发生时确实存在一个共同点，即危机发生国的货币持有者正快速地、大规模地抛售当地货币，并几乎都是在大量地购入美元。"危机"其实是"货币危机"的缩写。

但是，货币危机为什么会发生呢？答案就不那么显而易见了。我们知道有些危机国家是因为借了太多的钱，而正是债权人借给它们这么多的

---

①　见Roubini和Setser（2004）。引自更早些的2003年"正在修改稿版本"的第18页。

钱，所以它们和债权人都有责任。可是，有些国家借了更多的钱，却从来没有发生过危机。事实上，那些较富裕的国家和信用纪录良好的国家（两者常常重合）比那些较贫穷且屡有违约纪录的国家可以承受大得多的债务规模，而不至于引起债权人的恐慌。日本的债务/GDP比率大约是140%，而阿根廷2001年拒绝偿还债务时还不到这一比率的一半，墨西哥在1982年债务违约时也是同样的情况（不仅如此，在所有主权国家债券中，日本国债所支付的实际利率也是最低的）。那些经常违约的国家会发现，在市场的压力下，它们的负债率只能限于20%。①

那么，借债又是如何导致危机的呢？

假设有一家阿根廷的公司试图向银行贷款来建一家新工厂。再假设这家公司决定借入美元贷款而不是比索贷款，因为美元贷款的利率更低。最后假设这家工厂有望产生稳定的销售收入，其收入在目前的汇率下足以在还清银行债务后为公司带来20%的净利润。

只要比索能够维持当前的汇率或有所升值，那么无论对公司而言还是对银行而言，这个计划都很不错。但如果比索贬值了，公司就会发现，偿还美元债务的成本增加了。如果比索贬值幅度超过20%，那么从工厂获得的收入将不足以偿还贷款，公司要么从其他地方获得美元，要么只能违约。

想象这种情形扩展到整个国民经济中——公司、居民和政府本身都以“便宜的”美元来支持以本地货币计价的活动。只要本地货币持续坚挺，这一方法就能推动经济增长和提高生活水平。但是如果本地货币因为任何原因而跳水了，则以本国货币计价的资产和以美元计价的负债就会因货币错配而导致大范围的违约、破产、通货膨胀和失业。

以上还是这个国家比较幸运的情况。如果这个国家不够幸运，也许还

① 见Reinhart、Rogoff和Savastano（2003a）。

会导致食品短缺、疾病流行、社会秩序混乱、暴力事件增加和政治剧变。

过去的10年里，几乎每一次冲击型金融危机的初始原因都是货币错配。[①] 而且我们还将会看到，这种危机很难被阻止和解决。没有谁（反正肯定不是IMF、美国财政部或华尔街）知道在某一特定情况下，应该用什么样的“经济药方”，或是应该用多少，才能说服处于经济危机中的该国公民和其他海外投资者和债权人，让他们相信停止出售当地货币才是符合自己利益的行为。实行高利率也许可以阻止出售，但是会让成千上万需要融资的公司倒闭；而保持低利率则会鼓励卖出当地货币，这会让美元借款者（和贷款者）破产。这就是为什么将精力集中在采取预防性措施上是如此重要。

5.2 预见危机

国家和公司一样，也有自己的资产负债表，也有资产和负债。资产包括政府和居民拥有的有价值的东西，如土地、建筑和对他人的债权。负债是所有欠他人的有价值的东西。

债权人对不同国家资产负债表的反应形式多种多样，关键原因之一是国家不会像公司那样“破产”。当公司的资产不足以偿付负债时，公司就会依法破产。但是，当一个国家缺乏支付能力时，它却有最终自由决定权（ultimately discretionary）。原则上，国家总是可以通过出售少量的湖泊或是山峰来偿还它的债务。从这个意义上讲，20世纪80年代早期拉美国家发生危机时，沃尔特·瑞斯顿荒诞不经的言论——“国家不会破产”——从技术上讲是正确的。政府会在违约成本（比如违约对金融体

① 见Goldstein和Turner（2004）。

系的损害或是对将来借款成本的影响）和明显的好处（摆脱现有的负债）之间权衡。这些成本和好处随着国家的不同而有很大的差异。事实是，由于国家在无力偿还债务时是有最终自由决定权的，所以危机从来都不可能根据单一的资产负债表比率来预测。

一个国家发生货币危机的风险程度，部分与这个国家的“净资产”（即资产负债表上资产和负债的差额）受汇率变化影响的程度有关，部分与这个国家的“净收入”（即收入和支出的差额）受汇率变化影响的程度有关。[①] 假设其他所有条件相同，则一个有着更多的外汇资产（如美元储备）或外汇收入的国家，可以承受更高的外汇债务水平。

谁欠谁什么样的债务，这在衡量一个国家是否有发生危机的风险时也十分重要。债务可能是内债（本国人持有），也可能是外债（外国人持有）；可能是公共部门的债务（政府债券），也可能是私人经济部门的债务（公司或居民个人的债务）；可能是短期债务，也可能是长期债务；可能以本国货币计价，也可能以外币计价。尽管债务问题的原因因国家不同而差别很大，但债务问题最终在危机中表现出来的方式却没有太大差别，即在一系列反应的末尾处，几乎总是出现大规模的出售本国货币而购入美元的现象。

实行钉住美元汇率制的墨西哥和俄罗斯，其国债都是危机的罪魁祸首，只是方式不同。在墨西哥，与美元挂钩的“tesebono 债券”的存量从 1994 年 2 月到 1994 年 12 月增长了 10 倍，而同期外汇储备却下降很快，这导致了国债超出外汇储备约 100 亿美元。与墨西哥不同，俄罗斯政府向外国投资者出售的 GKO 债券是以本国货币（卢布）计价的。但是，外国投资者所持有 GKO 的头寸占总头寸的比例从 1996 年年末的 17% 增长到了 1998 年夏天的 33%，而他们通过购买俄罗斯一些银行的远期合约来对冲

---

① 见 Goldstein 和 Turner（2004）。

汇率风险，以保证债券将来的卢布收益能带来确定的美元价值。问题是，这些俄罗斯的银行远没有足够的美元资产来保证其在卢布崩溃的情况下仍可以履行合约，而这就是俄罗斯经济中货币错配的致命原因。当俄罗斯政府对像气球一样膨胀起来的卢布债务违约时，货币错配一方面引发了卢布抛售潮，另一方面危害了俄罗斯的整个银行体系。

与墨西哥和俄罗斯不同，在亚洲，问题的根源是私人债务而非国债。在韩国，国内银行向外国银行借入的资金（通常以美元计价）占国内银行向国内公司贷出的资金的比率，从 1995 年到 1997 年差不多翻了一倍，即从 25% 上升到了 46% 。① 在泰国，政府在 1995 年和 1996 年的预算是盈余的，该国危机的罪魁祸首是非银行金融机构。这些机构发放的贷款总量占全部贷款的 20% ，它们从海外借来短期美元贷款，然后向国内的借款人（包括房地产和股市投机者）贷出以泰铢计价的贷款。1996 年经济情况开始变差时，国内的不良贷款余额猛增，经常账户赤字猛涨，海外投机者开始攻击相对于一揽子货币（美元在其中占很大比例）已明显被高估的泰铢。在印度尼西亚，农业、矿业、房地产业、建筑业和金融业上市大公司的海外债务中的 95% 没有对冲，这是其脆弱性的主要原因。②

5.3 谁造成的?

将金融危机归罪于外汇市场的波动性虽然是容易的，但却是不准确的。如果把外汇市场的波动值当作金融危机发生可能性的预警指标，指标的效果事实上并不好。③ 而且，“反对全球化”（有些人很热衷于此）、对外汇兑

① 见 Goldstein 和 Turner（2004）。

② 见 Gray（1999）。

③ 见 Worrell 和 Leon（2001）。

换收取“托宾税”等措施，对预防亚洲金融危机也不会有任何效果。这些国家并不是被当日交易（day-trading）所击倒的，其以外币计价的负债是多年积累起来的，而与此同时，金融系统安全运行所必需的改革却始终没有开始。收取0.1%的“托宾税”就可以阻止资本流动的想法未免太天真。事实上，在这些市场进行货币兑换交易的成本常常相当于“托宾税”的50倍，但债务还是积累了起来。其实，一旦人们觉得30%的贬值幅度是有可能的，那么这一点点阻止资本外逃的税收就根本起不了任何作用。

同样地，将危机归罪于国际金融市场的“扭曲”或“不完善”，就如同指责氧气是森林火灾的原因一样对事情毫无帮助。有些人指责说，世界上只有少数几个国家可以在海外以本国货币借债是市场“不完善”的表现之一。[①] 还有人提出了一个吸引眼球的观点，即如果不存在交易成本和交易网络外部性（network externalities），那么投资者在其全球资产配置里就会持有比现在多得多的其他货币。不过，以上这两种所谓的“不完善”正是金融市场的固有特征。甚至还有人指出，在现实的国际市场中，有些国家的货币被排除在主流交易货币品种之外，因此这些国家没有获得与国际货币发行国一样良好的金融服务。这种说法就像假设交易没有成本或交易网络没有外部性一样过于理想化，因而也毫无意义。[②]

---

① 这一论点是由“原罪”（Original Sin）学派提出的。该学派发现，由于系统性因素的制约，发展中国家不可能用本国货币在国外发行债券。例如，见 Eichengreen、Hausmann 和 Panizza（2003）。

② Eichengreen、Hausmann 和 Panizza（2003）建议 IFIs 和 G10 政府发行以新兴市场国家一揽子货币指数计价的债券，这种方法可让发展中国家得以发行不以美元计价的债券。但问题在于，发展中国家的公共部门和私人经济部门依然可能认为，如发行以美元计价的债券，融资成本会低很多。如果是这样的话，这些国家的政府如停止供给无论是本国人还是外国人都不想要的货币，全球的总福利就会提高。其实，在所有遭受亚洲金融危机冲击的国家，本国公民和机构都选择了借入美元而不是本国货币。尽管宏观经济学家本能地倾向于谴责私人借入美元的行为，认为这是危险的举动，但是从亚洲的情况来看，政府公开保证用高利率维持汇率的政策同样危险。例如，见 Jeanne（2002）。

一国向外借贷的行为所导致的货币错配，导致了它在面对危机时的脆弱性。通过检验短期的、未对冲的、以外币计价的资产规模，费尔曼（Furman）和斯蒂格里茨（Stiglitz）发现，“用这一变量预测1997年的（亚洲）危机，结果是显著的”。这样的债务所造成的风险具体有多大，则取决于是否有足够的外汇资产来抵偿负债。而外汇储备/短期外债比率是一个相当可靠的指标：该比率低于1一般是一个危险的信号。①

5.4 外国援助

IMF和美国财政部常常提供数十亿美元的一揽子贷款以帮助一些国家避免金融危机。虽然有一些成功的例子，比如1995年对墨西哥的援助，但是从总体上看援助的效果并不好。为什么会这样呢？

因为借入更多的美元并不能改善一国的资产负债表。新流入的资金虽然增加了一国的资产，但其代价是同时增加了优先级债务。如果一国资产负债表的问题出在货币错配（私人经济部门和公共部门合计）上，那么现有的债权人就会得出结论，这样的援助仅仅是暂时延缓了违约。货币错配是导致清偿风险发生的根本原因，而借入更多的贷款显然不能从根本上化解清偿风险。

只有当一国是因债务到期日错配（maturity mismatch）或流动性风险而出现危机时，外部的贷款援助才会有效。然而不幸的是，区分流动性风险和清偿风险更多的是一门艺术而不是一门科学，两者之间的区别仅在于“信心”，即债权人相信一国将来所能拥有的美元资产将足以偿还它现在的美元负债与新借入的紧急贷款之和。换言之，他们必须相信，新贷款起

① 见IMF（2003）。

的是过桥贷款的作用，而且其数额在“努力挣得新美元和试图阻止资本外逃”与“最终挣得了新美元和成功阻止了资本外逃”之间的这段时间内够用了。[①]

在危机进入崩溃阶段后，一国货币的价值会垂直下降。如果这不能得到阻止，就会引发破产潮——先是有美元债务的企业倒闭了，紧接着引起了把资金借给它们的银行的倒闭。无论 IMF 在过去的危机里学到了在币值垂直下降的过程中什么是不应该做的，它和它最刻薄的反对者都还没有发现除了提高利率这条紧急的稳定措施之外什么是应该做的。你可以谴责这是“老掉牙的做法”或是“华盛顿共识”，但却如同你对物理定律发火一样无济于事。你不得不接受一个经济学上的事实，就是当货币崩溃时，如果一国中央银行仍将贷款以不变的利率大量贷出，借款者就会像寻找猎物的秃鹫一样蜂拥而至，而贷款者就会拼命逃走以求自保。不提高利率往往就是火上浇油。

如果这条处理危机的道路看起来实在是荆棘密布，那么唯一可靠的方法就是曾在一条爱尔兰谚语里提到过的去都柏林的方法——最好不要从这里上路。

5.5　处理国内货币错配问题

戈登斯坦和特纳（Goldstein & Turner，2004）在一篇分析货币错配的权威文献里推荐了八种降低货币错配影响的方法：（1）实行“有管理的”浮动汇率制；（2）实行通货膨胀目标制；（3）银行对货币错配实施更好的监控；（4）银行业监管部门更好地监督银行实施货币错配监控；

---

① 见 Allen 和 Gale（2002）。

（5）监管部门能更加积极和及时地干预问题银行，以及在必要时予以关闭；（6）IMF能提供更准确的货币错配数据；（7）政府能更好地审视债务和储备管理政策；（8）政府把发展国内债券市场和鼓励创新对冲工具放在更优先的位置上。

这一关于货币错配问题的分析有些过于学术化了，其中至少存在三个问题。第一个问题是个小问题，即采取“有管理的”浮动汇率制在有些时候与实行通货膨胀目标制是冲突的，不可能同时既锚住通货膨胀率又钉住汇率。[①] 第二个问题是个大问题，即这份建议是劝告性质的，而不是指导性质的。呼吁更准确的数据、更高的谨慎性和警惕性、更多的鼓励性政策，这总是明智的，但却没什么新意。所以，关心应该如何解决这个问题的读者只能到别处寻找答案了。第三个问题则事关银行体系的脆弱性。事实上，在采用了有管理的汇率制度且金融美元化的经济体中，银行业天生就是脆弱的。然而，现在的情况是，一旦某个国家发生货币危机，宏观经济学家们就会站出来指责“脆弱的”银行业和银行业的监管部门，指出在允许资本流动前应先“强健”银行业。可是，在亚洲金融危机中，没有一个短期外债/外汇储备比率低的国家被击倒，即使这些国家的腐败现象非常严重或是银行体系非常脆弱。所以说，危机发生的原因在于货币错配。

考察一下两个银行系统：一个是美国的，另一个是阿根廷的，其中后者的运营环境是固定汇率制度。美国的银行以美元为基础进行运营，由于其在海外也有业务，它们持有一些不可自由兑换货币的头寸。阿根廷的银行以比索（不可自由兑换货币）为基础进行运营，由于许多阿根廷国内的公司要求借入低息的美元贷款，所以阿根廷的银行持有大量的美元头寸。由于公司的收入是比索，因此如果比索在贷款到期之前贬值，那么这

---

① 除非汇率“被管理”的唯一目的是实现通货膨胀钉住制，否则必然如此。

些美元贷款的违约率就会非常高。那么，阿根廷的银行应该对冲这一风险吗？或者说，它们必须对冲这一风险吗？按阿根廷政府的规定，银行几乎不需要对未对冲外汇风险的头寸采取任何措施。同时，政府在公开市场上维持1比索兑1美元的汇率水平。现在想象一下，假设整个阿根廷银行业真的通过在远期市场上出售比索的方法来对冲它们的贷款风险，那会发生什么呢？结果是，对比索的压力会使比索贬值，继而造成违约。而银行当初进行对冲恰恰是为了避免违约。简言之，一个金融美元化的经济体从本质上说是危险的，因为银行系统天生就是脆弱的。

鉴于过去10年中金融危机的严重性，加之戈登斯坦和特纳雄辩地指出了问题的根源在于货币错配，下面这个问题就自然而然地出现了：为什么他们提出的解决方法如此肤浅？例如，他们为什么没有呼吁这些国家干脆彻底废止令人讨厌的本国货币，却主张这些货币仍然可以继续流通呢？戈登斯坦和特纳的理由是，如果立刻废止这些货币，会妨碍反周期干预政策的实施。而且，废止这些货币需要该国的经济具有更大的灵活性，而这些国家的经济不具有这种灵活性。

但是，历史记录表明，发展中国家的中央银行实施积极的、反周期的货币政策的后果是可怕的。而且，经验数据表明，相机而动的财政政策往往也与不稳定和低增长率同时发生。[①] 更重要的是，“政府在成功地对货币政策、银行监管、债务管理和资本市场结构进行改革的同时不可能赋予经济更多的灵活性”这一假设是完全没有道理的。所以，最好的方法应该是解决问题本身，而不是解决问题表象，尤其是当问题表象比问题本身更多、更复杂的时候。

① 见 Fatas 和 Mihov（2003）。

5.6 谁需要资本流动?

允许资本在一国之内自由流动，这是理所当然的。但是，即使许多持自由市场观念的经济学家对允许资本（尤其是短期资本）跨国自由流动也持有强烈的保留态度。毫无疑问，这是对过去20年来在一国范围内或是在地区范围内频频发生严重的货币危机的一种反应。

显然，从理论上看，资本流动是必然的。当资本可以自由地从过多的地方流向相对稀缺的地方时，储蓄者从资本上获得的收益会最大化，同时公司成长的成本会最小化。以挪威为例，在20世纪70年代，挪威是一个资本进口大国（进口的资本量相当于GDP的14%），这使得挪威可以用比本国储蓄存款便宜得多的资金开发它的油田。再以新加坡为例，在20世纪90年代，新加坡是资本出口国的典型，而出口资本使得新加坡公民获得的回报比把钱留在国内要高得多。[①] 此外，资本流动不仅可以把金融风险汇集到资产池中，进而使得这些风险通过多样化的资产组合得以降低，而且可以把资产分到具有不同的风险承受能力和风险管理能力的人的手中。当资本可以这样流动时，它们便成为保持经济增长和提高生活水平的重要推动力。

大量的资本流入是否必然是危险的呢？实际上，危险并不在于资本流动本身。在1870—1890年，流入阿根廷的资本相当于其GDP的18.7%；而在1990—1996年，即阿根廷货币危机发生前的几年里，这一比率仅略高于2%。事实上，1870—1890年世界上12个主要贸易国之间的资本流动占其GDP的比率比20世纪90年代的同一比率高60%。[②] 从比例上看，

---

① 见 Obstfeld 和 Taylor（1998）。

② 3.7%对2.3%。见 Obstfeld 和 Taylor（1998）。

今天的资本跨国流动比一个世纪前还要少。[①]

再看一个资本在一国之内自由、迅速、大规模流动的例子。在20世纪90年代高科技潮时期，数十亿美元在纽约被募集，然后被投资到加利福尼亚。当高科技泡沫在新千年到来时最终破灭的时候，加利福尼亚和纽约的经济都受到了沉重的打击，公司和投资者都承受着非理性繁荣所带来的残酷后果。但是，在这起起伏伏中，没有资本账户危机，没有货币投机性攻击，没有停止信用交易，没有迅速提高利率，没有银行挤兑，没有IMF任务，没有激烈的抗议，也没有政治剧变。

我们知道，没有经济学家质疑资本在美国大陆和波多黎各自由联邦(the commonwealth of Puerto Rico)[②]之间流动，或是在美国和已经实行美元化的巴拿马、厄瓜多尔和萨尔瓦多之间流动。当邪恶的“热钱”在新兴市场闯入闯出时，只有在那些限制使用美元或是禁止公民进行美元交易的国家里，才会听到对美元进出市场的谴责声。换言之，不是钱在富国和穷国之间流动受到了谴责，而是钱在流入和流出那些政府不允许其公民使用美元的国家时受到了谴责。批评资本流动对政府而言是有利的，所以在这种情况下提出的解决方法也就总是阻止公民输入和输出资本。

---

① 见Hausmann（1999）。

② 波多黎各（Puerto Rico），位于加勒比海大安的列斯群岛东部，全称波多黎各自由联邦。1898年美西战争后成为美国殖民地。1952年美国给予波多黎各自由联邦的地位，实行自治，但外交、国防、关税等重要部门仍由美国控制。1977年美国总统G. R. 福特向国会提交了《1977年波多黎各立州法》，主张把波多黎各变成美国的第51州。1982年11月罗纳德·威尔逊·里根总统发表声明，支持波多黎各成为美国的一个州。1993年11月，波多黎各再次就与美国的关系举行全民公决，结果多数人仍主张维持美国的自由联邦地位。——译者注

5.7 国家货币

在大多数文明国家之间的交易中，还存在着如此多的……原始做法，即几乎每一个独立的国家都选择通过拥有自己的货币来体现自己的国家性质，即使这样于本国于邻国都不方便。

——约翰·斯图亚特·米尔（John Stuart Mill）①

成为一个国家意味着要拥有自己的主权货币，于是就产生了如此多的悲剧和国家间的敌意。我们要问的是，拥有主权货币这件事究竟是怎样在如此广泛的范围内成为一件自然而然的、不可改变的事情呢？

过去并不总是这样的。在 20 世纪早期，统一的全球金融市场以黄金作为货币的基础。由于黄金被普遍接受并具有持久性，而且供给相对稳定，所以成为了唯一可靠的储存价值的载体。其中，供给相对稳定对黄金成功地成为全球货币的基础尤为重要。货币性黄金的供给取决于对黄金的非货币性需求和黄金开采量之间的相互作用。这与如今法定货币的供给可因政府的一时意愿而立刻无限制扩张形成鲜明对照。货币性黄金的供给不具有随意性，这使得黄金获得了普遍的信任。因此，黄金成为国际贸易的支付保证，在世界上的许多地方都运行得非常成功。

在过去的 20 年里，由于要将新的、发展中的市场经济体融入庞大的、已建立起来的富裕国家的交易网络中，因此金融危机频繁发生，这给人们带来了许多困难。所以，非常有必要指出，在第一次世界大战前的 40 年里，正是全球各国普遍将本国货币与黄金挂钩的体制为巨额长期资本从欧洲流向新世界提供了便利。② 在我们的时代，由于各有各的货币，如此成

---

① 见 Mill（1894：176）。

② 见 Bordo（1999）。

功地将资本从富国转移到穷国被证明不但是不可能的，甚至有的时候还是极具摧毁性的。还必须进一步指出的是，19 世纪晚期，短期资本的流动实际上起到了非常好的稳定作用，对利差进行套利的短期资本迅速纠正了由贸易支付带来的收支不平衡，而跨国界的黄金流动本身对这一调节机制也起到了辅助作用。

然而，随着各国货币的发行与黄金的联系越来越松散，这一体系在第一次世界大战前夕慢慢地走向了危机。金本位制变成了按一定标准才能兑换黄金的制度，各国货币逐渐取代了黄金成为了储备货币。第一次世界大战的爆发更使得货币与黄金的比价一片混乱，进而使得“建立在狭窄的黄金地基上的庞大的信用金字塔”崩溃了。[①] 今天，许多国家的货币与美元（而不是黄金）挂钩，每次当外国债权人感到债务国缺少足够的美元储备来支付它们的国际债务的时候，我们也会看到崩溃的出现。

黄金的许多性质使得它成为一个理想的货币媒介，但黄金并不是完美的货币。不过，在教科书中的代数世界之外，就没有完美的东西。黄金有一些众所周知的缺点，这些缺点源自于对黄金供给（和需求）的冲击，正是这些冲击使价格水平在短期内变得不可预测。换言之，黄金供给（和需求）的不确定性和波动性意味着黄金不可能保证世界物价的稳定性。而且，希望用生息资产和更便宜的交易工具代替黄金实物的强烈经济动机，最终会使某一家在市场上占有优势地位的中央银行承担起维护公众对“信用金字塔”信心的重任。这一任务在 19 世纪时由英格兰银行承担起来，但在今天，这一任务落在了美联储的身上。而且，无论将来是否有某种形式的金汇兑本位制的出现，美联储都还将继续承担起这一任务。

于是，我们遇到了难题。尽管有着种种缺点，但黄金却是人类发现的唯一可以成功地作为全球经济一体化基础的货币。而纸币（或者更加非

① 见 Bordo（1999：10）。

物质化的货币)，虽使全球化的贸易和投资更加有效，但却带来了比原来严重得多的、一国乃至世界范围内的金融灾难。好比衍生产品虽使投资和风险管理变得更加有效，但也因杠杆的过度使用和错误的经济假设而带来了更多的金融风险。我们是否可以重建黄金时代那种稳定的全球化，同时能够继续享有非实物化资本流动所带来的好处呢?

如果牢记黄金的成功所昭示的经验，我们是可以做到这一点的。黄金代表的是一条牢固的兑换原则。在这条原则下，政策制定者们不能随意地追求新目标，比如通过通货膨胀增加铸币税收入或是减少负债的价值，因为这会损害商品和资本的交易者对货币未来价值的信心。实际情况是，在过去的20年里，富国货币政策的实施效果有了很大的改善，而这种改善正是由于中央银行在货币政策的实践中放弃了相机而动的原则。无论中央银行是否公开声明或是否被理解，其独立于政府的控制，以某种通货膨胀目标制为基础透明运作的这一做法，使得中央银行在长期投资、30年抵押贷款等类似的交易中建立起了牢固的经济基础。

重建世界货币体系，使货币政策按规则而不是按政治上的随机行为来制定，这绝不会是一个一帆风顺或毫无痛苦的过程。在两次世界大战之间，金本位制只维持了6年（1925—1931年)，在很大程度上是因为政治上承诺的货币与黄金间的可兑换性已不像之前那样可靠了。当时有许多问题，其中之一就是人们用各种货币代替黄金作为国际储备，这与在2001年比索贬值前的几年里，阿根廷在货币局制度（currency boards）中用比索资产代替美元有些类似。

第二次世界大战后的布雷顿森林体系的基础主要是国家间关于“灵活性”的承诺，而不是货币与黄金间的可兑换性。这一体系在1959—1971年（这是一个稳定的低通货膨胀和持续增长的时期）运行得非常成功，但是在根本上这是由“弱效的胶水”——资本控制和G10贷款（G-10 lending）——“粘成”的。在这一体系中，所有兑换承诺的重压全部由美国这一个国家承担，而自20世纪60年代起，美国逐渐失去了承担这一义务的意愿。当法国和英国在1971年夏天威胁要用多余的美元兑换黄金时，尼克松总统干脆永远停止了这种黄金兑换。

在1979年之后的20年里，欧盟各国将各自的货币钉住德国马克，期间除了偶尔由于投资者对这一政治承诺的信心减弱而引起某些货币被迫贬值外，欧盟国家的货币体系总体上经历了一段稳定时期。随着布雷顿森林体系时代的资本管制制度被取消，承诺机制面对投机的挑战变得脆弱起来。投机者首先进攻了承诺最少的国家——英国，结果导致英国于1992年永久性地退出了该体系。到1999年，欧盟12国采用了统一的货币——"欧元"。12国都明确表明了自己的政治承诺，将货币发行权移交给了同一家旨在维持低通货膨胀的机构。但是，如果这些有宪法修改权的国家再次渴望在货币政策上有相机而动的自由，那么低通货膨胀在将来仍有可能做不到。

发展中国家同样也试图用"基于规则"的货币政策代替相机而动的货币政策。开始的时候，它们采用钉住汇率制。近些年来，随着金融危机的爆发，它们又改而采用通货膨胀目标制。可是，浮动汇率制和通货膨胀目标制是问题的答案吗？它们可以让发展中国家安全地融入全球商品和资本市场吗？

很遗憾，答案是否定的。原因在于，它们拥有自己的货币是没有好处的。

在国际金融市场上发行的证券中有97%是以下列五种货币计价的：美元、欧元、日元、英镑和瑞士法郎（在我们的有生之年，后两种货币很可能会被欧元取代）。如果不算这几种货币的发行国所发行的证券，这一比例仍高达85%。世界上大多数国家不可能在国外用自己的货币借款，这一事实正是上述问题的"原罪"。①

① 见Eichengreen和Hausmann（1999）。人们普遍认为，由如此少的几种货币统治了国际市场这一事实是因为在跨国交易中存在"网络外部性"（例如，见Kiyotaki、Matsuyama和Matsui，1992）。鉴于英镑在国际交易中起到的作用与英国实力不成比例，可见历史因素在这种外部性的产生中也发挥着重要作用。

为什么国际金融市场只青睐少数几种货币，而大多数货币却只能在本国范围内使用呢？最明显的原因是，各国政府企图用通货膨胀来减少它们所负担债务的价值。这可不仅仅是从预期收益率里去掉几个百分点的问题，这是就连投资的本金都有可能遭受重大损失的问题。于是，投资者要求证券只能以少数几种货币计价，因为只有以这几种货币计价的证券才有全球性的、流动性较好的市场，也只有这几种货币的发行国在维护这些货币长期建立起来的良好声誉方面有强大的利益驱动。只有少数货币和黄金一样好，或者至少不会差很多。

不能以本国货币在国外成功发行证券的国家可以有三种选择：第一种选择是将本国货币留在国内，把自己和国际资本市场隔绝开来。显然，这种战略的代价是，该国只能依赖国内不充裕的资本，而这种不充裕性将会提高资本的价格，从而阻碍经济增长。如果对资本实行配给，结果也是一样，经济增长将会受到妨碍。第二种选择是在国外发行以美元或其他主流货币计价的本国证券。过去 20 年所发生的事情让这种战略的代价显而易见：金融危机或该国货币贬值的可能性让投资者对该国偿还以外币计价的债务的能力感到担忧。当然，政府可以通过积累大量的国际储备来应对投机者的攻击，从而减轻这种担忧的程度，但这是一种代价昂贵的做法。第三种选择是完全放弃本国货币，用美元或其他主流货币代替本国货币。

下面让我们看看智利的例子。智利在本国货币并不被看好的情况下谨慎地开放了金融市场。智利的做法是，在不让自己与国际资本市场隔绝的情况下，通过紧紧地控制一些指标来调节海外资金的流入流出。与此同时，它还对国内金融机构的行为进行了恰当的调控。这些资本控制的做法虽使智利经受住了 20 世纪 90 年代的金融风暴（许多拉美国家深受其害），但却未能让它免受“原罪”之苦。1998 年，智利虽然可以通过向外国投资者借钱以在其出口收入大幅下降的时期稳定生产和支持消费，但它也不得不减少 22% 的进口——约相当于其 GDP 的 6%——以平衡国际收支。同时，阻止资本流入对智利公司而言意味着融资成本的上升。[①] 1997—1999 年，智利经济从繁荣走向了衰退，GDP 增长率从 6.8% 跌到了 -0.8%。[②] 当然，如果智利实行了让外国投资者对其财政和货币管制的信心有动摇的政策，结果可能要比现在糟糕得多。但另一方面，如果智利能让自己完全免于"原罪"，实行美元化，那它也可能获得比现在更好的结果。事实上，维持自己和外部世界的国际收支平衡就像纽约要维持其和加利福尼亚的收支平衡一样毫无意义。

5.8 汇率

汇率常常（很多时候以非常大的幅度）偏离于经济"基本面"，而其波动程度也往往远远超出了基本面消息的影响程度。而且，发展中国家的货币在价值上大幅、快速变化的趋势常常是向下的而不是向上的。

这些现象鲜明地指出了国际货币交易中系统性的市场失灵（market failure）。下面的结论看起来是很有道理的：货币交易的交易员比商品（如黄金和咖啡）交易的交易员更倾向于凭一时冲动来操作，更不理性，更有凯恩斯理论中所称的"本能冲动"（animal spirits），也更容易导致价格的暴跌。然而，承认货币与商品存在着根本性的不同是很重要的。这种差异性就在于，世界上大多数货币的存在完全不是因为有对它们的自发需求。这些货币是被生产出来的，其使用具有强制性，它们被政府视为主权的表现。黄金或咖啡生产者的动机是可预测的、稳定的，即追求利润。但是，这些所谓的基础货币的供给数量则不受这一动机的控制——负责管理

① Gallego 和 Hernandez（2003）也指出，智利资本管制制度中的另一重要措施——要求外币借款的资金来自于不付息的存款——也加大了智利公司的借款成本。

② 见 Eichengreen、Hausmann 和 Panizza（2003）。

货币的人往往只是暂时承担这一任务，所以发行货币的动机会随着发行人的倾向和偏好而变化。由于在货币生产和供给管理中遍布着强有力的政治因素，因此我们必须对以下这点特别注意：有些国家经常出现的严重的货币政策失灵，应归咎于那些有权力根据自己的利益决定是保有货币还是抛弃货币的人。

在这里做一些解释是必要的。比如，一个持有较少内债的政府，会比一个持有较多内债的政府更有可能追求稳定的价格（也就是低通货膨胀），而较多的内债则会刺激政府官员通过增加货币供给（也就是高通货膨胀）来减少债务的实际成本。但是，弄清楚一国政府货币管理的动机，这仅仅是个人和机构在决定是要增持还是要减持某种货币时所面临的挑战之一。

故意制造恶性通货膨胀是容易的，但是想维持低通货膨胀却并不容易。有些政府在某些时刻相信，维持对美元或另一种主流货币的汇率的稳定是维持低通货膨胀的最重要因素。而有些政府则认为，钉住另外一些变量，如货币供应量、名义 GDP 的增长率或是通货膨胀数字本身，才是维持低通货膨胀的最重要因素。但是，由于货币的国内价值和国外价值（即通货膨胀和汇率）取决于人们对那些货币管理者的动机和能力的信心，所以货币政策的成功没有一个固定的模式。对个人而言，货币交易也许比商品（比如黄金）交易更便于管理。此外，它的好处还在于，当有重大经济事件（比如石油价格上涨、干旱或是金矿事故）发生并影响到普通民众时，货币具有更大的灵活性。但是，灵活性意味着相机而动，而相机而动意味着错误、矛盾和渎职。所以，只要在货币政策上仍存在相机而动，人们对货币的信心就会产生波动，而在此基础上，货币的国内价值和国外价值也就会产生波动。

然而，在去除“相机而动”的努力中三心二意，反而会鼓励货币价值疯狂上升或下降。将货币钉住美元或其他主流货币会给予交易者免费期权，而这是市场所不得不给予的最有价值的礼物。政府采用钉住汇率制就是告诉全世界，如果该国货币价值跌破某一事先宣布的底线，那么该国将无限制地购买本国货币。当汇率即将跌到底线的时候，投机者们就会被吸引到这个市场中来测试一下该国政府在只持有有限外汇储备时履行承诺的决心。对于投机者而言，摧毁这一决心，或者说将政府的储备耗尽，都是非常有利可图的。乔治·索罗斯声名显赫，就是因为他在1992年时在英镑接近其在欧洲汇率机制（European Exchange Rate Mechanism）下限时对英镑进行了投机，从而获利超过10亿美元。虽然像索罗斯这样的投机者常常因为他们的卖出行为而被妖魔化，但如果没有政府心甘情愿地作买家，投机者也是不可能因为这种操作而获利的。货币价值的大幅波动，常常是政府在创造法定货币（fiat money）时的傲慢造成的，它试图告诉人们它造出来的货币值多少钱。

5.9 “最适度”并非是好的

在如今的正统经济学中关于如何选择货币体制的论述要追溯到罗伯特·蒙代尔（Robert Mundell）在1961年提出的最适度货币区（optimum currency areas，OCAs）理论。该理论自诞生以来被改头换面和重新解释了许多次，但它最实用的信息仍然是，一个国家为本国货币选择的是浮动汇率制还是加入范围更广的货币区，取决于它的商品市场和劳动力市场与该货币区其他国家的统一程度。

欧盟国家在创立欧元区前，通过经验检验分析得出的一般结论是，用最适度货币区理论的标准衡量，各主权国家的一体化程度还不够，于是就废除各国货币的危险发出了警告。这些研究文献也常常被引用来为主权货币作辩护，这让蒙代尔很不高兴，因为他本人长期以来都是支持“世界货币”的。

针对引用最适度货币区理论来为全球为数众多的主权货币作辩护，至少可以从以下四点来进行反驳：

第一，如果一个国家是比一组国家更好的最适度货币区，那么我们是否可以认为，城市群是比一个国家更好的最适度货币区呢？毕竟，劳动力和商品在这些城市内部流动要比在这些城市之间流动更为通畅。但是，没有一个经济学家为在一国内部的某个范围内创造货币寻找理由。

第二，世界上存在着主权货币这一既定事实与用最适度货币区理论捍卫主权货币的存在是一致的，这暗示着一国内部的经济一体化程度和该国与他国的经济一体化程度在很大程度上本身就是政治的结果。可以说，最适度货币区理论的标准在很大程度上变成了内生性的标准，即用这一标准检测一国是加入货币区好还是不加入好，在很大程度上取决于该国是否已经加入了货币区。

这就带来了最适度货币区理论是否适当的另一个问题，即已加入货币区这一行动本身就增加了各主权国家相互间的贸易和投资。这样的例子有很多。例如，由于使用一种货币，加拿大各省间的贸易量是其与美国之间贸易量的20倍。① 对20余篇关于货币联盟的研究文献进行综合分析得出的结论是，与采用固定汇率相比，实行最适度货币区可以让主权国家间的贸易额翻倍。② 而且，翻倍的贸易额主要来自于区内国家间贸易的增加，而不是来自于区内国家将原本与区外国家间的贸易转移到区内。③ 所以说，从逻辑上讲，市场一体化是货币一体化的结果，而不是决定是否应该实行货币一体化的标准。

第三，最适度货币区理论简单地认为，如果一国政府选择采用浮动汇率制，那么该国货币自然就是“最适度”的货币。这其实是在假设货币

---

① 在修正了有关跨省或跨国贸易的其他解释变量后，这一事实仍成立。见 Berg 和 Borensztein（2003：83）。

② 见 Rose（2002）的有关分析。

③ 见 Frankel 和 Rose（2000）。

当局可以及时地、完美地应对各种外部波动冲击。在这种情况下，浮动汇率制可以与美元化享受同样的好处，即经常账户项下和资本账户项下的资金流动都是自由的。可是，这一假设与现实世界相差甚远。在现实的国际市场上，除了几个最富有国家的货币，其他货币之间的交易总是受到通货膨胀和贬值的困扰。这就是为什么许多拉美国家事实上已实行美元化，也就是说，这些国家的公民选择持有美元而不是本国货币来储存价值。

第四，最适度货币区理论与微观经济学完全不同，它假设消费者偏好与货币区问题不相关。所以，即使一个国家内每一个人都选择用美元储蓄，并且要求用美元进行交换，最适度货币区理论还是很有可能得出结论说，美元化是与一国经济利益相违背的。显然，这种将国家与公民彻底区分开来的观念使该理论成为愚蠢的抽象概念。

20 世纪 80 年代后半期，波兰流行着一个笑话："美国与波兰有什么共同点？在美国，你可以用美元买任何东西，但用兹罗提（Zloty）买不到任何东西；在波兰，情况也是一模一样。"如果有一个宏观经济学家想要进行反驳，他很可能会说："愚笨的波兰人，难道你们认为美国和波兰是一个最适度货币区吗？"

最适度货币区理论为维护主权货币提供了其实是最没有价值的理论基础。把经济一体化作为货币一体化的先决条件没有任何意义，因为货币一体化本身是经济一体化的巨大推动力之一。没有任何一项货币政策在任一时点对所有地区都是最适合的。其实，最适合在任何情况下都无法达到。如果我们为了实现教科书上所讲的起稳定作用的浮动汇率制，我们可以把全球重新划分为几个经济区域，并在这几个区域之间采用浮动汇率制。① 这样一来，我们将会发现，不幸的是，这种划分从政治的角度看离"最适度"相差甚远。而实际情况是，现在是由政治来决定边界，而不是由

① 区域可以被定义为：劳动力和资本在其内部的流动性达到最好，而外部的宏观经济冲击对其内部的影响极端不平衡。

最适度货币区理论来决定。

即使在这样一个被重新划分的世界中，浮动汇率制能起到稳定作用依然是建立在凯恩斯的“无痛苦的货币贬值能够熨平外部波动冲击”（即外部波动冲击不会带来工资的上涨和失业）的假设基础上的。[①] 这其实是在假设汇率是一种“欺骗装置”（fooling device），[②] 通过这一装置，政府可以高高在上地为“无意识的”工人们制定较低的实际工资。但是，第二次世界大战后的实际经验表明，这一装置是不起作用的。当贬值带来通货膨胀时，工人们不会忽视通货膨胀，也不会坚忍克己地自己应对它。他们会要求工资指数化，而这将加速通货膨胀和失业率的上升。而且，资本市场上还会有另一个打击：突然的贬值会带来利率的上涨，即更高的资金成本。在浮动汇率制中，并没有凯恩斯主义者所想象的免费午餐。

5.10 有管理的浮动汇率制

允许汇率自由浮动的政策的本质是，承诺不故意做任何事情影响货币的外部价值。这里暗含的思想是，如果货币当局能够把注意力集中在通货膨胀上，则无论外汇市场上发生了什么，经济都会自我维持稳定。

在现实中，在事实上已实行美元化的地方，善意地忽略外汇市场几乎是不可能的。汇率变化“传导到”国内通货膨胀的程度越高，通货膨胀目标制本身就越要求给予名义汇率更多的关注；而在经济中以美元定价越普遍，传导机制就会越强。

---

① 这一假说被称为“黏性价格”。具体到工资而言，它假设工人有“货币幻觉”，不能意识到通货膨胀水平和生活水平的改变，不会对此做出任何反应。

② 见 Dornbusch（2000）。

然而，对汇率和可能影响汇率的政策给予关注的关键目的并不仅仅是对通货膨胀进行控制，保护金融业也是目的之一。公司——尤其是那些在海外有生意的公司——一般都希望从它们的银行借到美元贷款，因为美元贷款往往名义利率较低。如果这些公司收益中本国货币所占的比例越高，那么当本国货币贬值时，这些公司违约的可能性就越高。这些公司的汇率风险对银行而言是信用风险，而银行所面临的信用风险对储户而言就可能是他们的存款风险，因为实际上是储户提供了贷款的资金。于是，汇率风险使得整个经济体的基础面临着风险。

面对这一情况，货币当局就会有很强的稳定汇率的动机。公司一旦知道货币当局有这样的动机，就会更加有恃无恐地借入美元，进而导致金融美元化的进一步加重，这反过来会使货币当局防止货币贬值的动机更加强烈。

但是公司并不是国内唯一可能大量借入美元的机构。由于世界上大多数国家的政府都不可能找到愿意持有以本国货币计价的债券的外国投资者，所以政府本身也可能借入大量以美元计价的主权债券。潜在的外国投资者害怕政府会用货币贬值的方式在事实上部分违约，所以投资者倾向于提供以美元计价的债券。而一旦政府积累了大量的美元债务，它就会有更强的管理汇率的动机。

结果，在教科书之外，几乎没有自由浮动的货币存在。在主流货币越来越国际化的背景下，大多数政府出于经济和政治的考虑采用了有管理的浮动汇率制。现实的证据是，自 1997—1998 年金融危机以来，亚洲新兴市场国家的货币异常地稳定，而它们的外汇储备却在不断地大幅增长。从 2002 年初到 2003 年 9 月，亚洲国家的外汇储备令人惊愕地增加了 5 460 亿美元。与此同时，这些国家的利率（名义利率和实际利率）超常波动，货币量也在大幅增长，所有这些数据表明，受钉住汇率制的限制，这些国家的货币政策变成系统性的顺经济周期的货币政策（procyclical monetary policy)。[①] 用卡尔沃（Calvo）和瑞哈德（Reinhart）的话说，“如果它们是浮动的，它们就是穿着救生衣浮动的”[②]。毫不奇怪，尽管发展中国家实行了明确的钉住汇率制，免遭投机者大规模的攻击，但却并没有从实行“独立的”货币政策中获得经济利益。

教科书上建议一国使用浮动汇率制的理论基础是，浮动汇率制可以起到稳定的作用。当国外利率剧烈波动时，可以用汇率来稳定国内利率；当经济进入衰退期时，可以通过降低利率来扭转（当然也可以通过提高利率来防止经济过热）。但是实际情况却刚好相反：在浮动汇率制下，国内利率对国外利率更为敏感，而且糟糕的是，在经济衰退时，利率更倾向于上升而不是下降。[③] 事实上，在发展中国家，顺经济周期的利率政策（procyclical interest rate policy）已明显取代了针对汇率的直接干预，成了控制汇率波动幅度的首选方式。[④] 当然，仅凭这些发现，我们还不能知道发展中国家的货币当局究竟是不胜任还是只是没有效率，但可以确定的是，如果它们不能从货币政策的独立性中获得任何好处，它们就不会去做那些我们觉得它们应该做到的事情。

卡尔沃和瑞哈德把政府不愿让汇率由市场来决定称做“害怕浮动”（fear of floating）。害怕可能确实存在，但在一个汇率经常大幅、快速波动并对经济稳定造成严重破坏的世界里，对汇率心存幻想的人们应该重新评估一下到底什么才是最危险的。

---

① 见 Calvo 和 Reinhart（2000a）。

② 见 Calvo 和 Reinhart（2000b：2）。

③ 见 Panizza、Stein 和 Talvi 的文献分析调查（2003）。

④ 见 Calvo 和 Reinhart（2000a）。

5.11 只有一美元才是一美元

那些中美洲热带国家已经在这方面试验很长一段时间了。现在，它们该给坚挺的货币让路了。这才是最好的发展战略。

——鲁迪·多恩布什（Rudi Dornbusch）①

亚洲金融危机粉碎了发展中国家曾经在货币政策上所奉行的金科玉律：通过实行固定汇率制度，低通货膨胀和资本市场一体化可一夜实现。阿根廷的情况却表明，除非美元储备足以偿还政府部门和私人部门所有的美元外债，否则货币局制度必将处于危险之中。从本质上讲，对汇率的保证是没有用的。一比索不是一美元，从来也不是。即使在经济最繁荣的时期，阿根廷的银行为了吸收比索存款而非美元存款，也得多付出大约2%的利率（如图2所示）。

在危机中奉行固定汇率主义者已经分道扬镳。大多数人放弃了对美元的信仰，并呼吁实行浮动汇率制。这些幻想破灭的人们觉得真正应该钉住的变量在国内，并觉得这个变量应该是国内的通货膨胀。而且，他们认为，只要忠诚地固定通货膨胀目标，一切都会很好。

另一些人成立了美元化派，他们谴责浮动汇率派，并宣称其“本国货币可以保持价值”的想法是盲目的。他们认为，不仅只有一美元才是一美元，而且人们需要美元。另外，本国货币会让人们与国际资本市场隔绝开来，还会给予人们错误的经济安全感。没有美元引领的通货膨胀目标制是“怪物”，而货币独立更是危险的神话。

① 见 Dornbusch、Litan 和 Mussa（1999）。

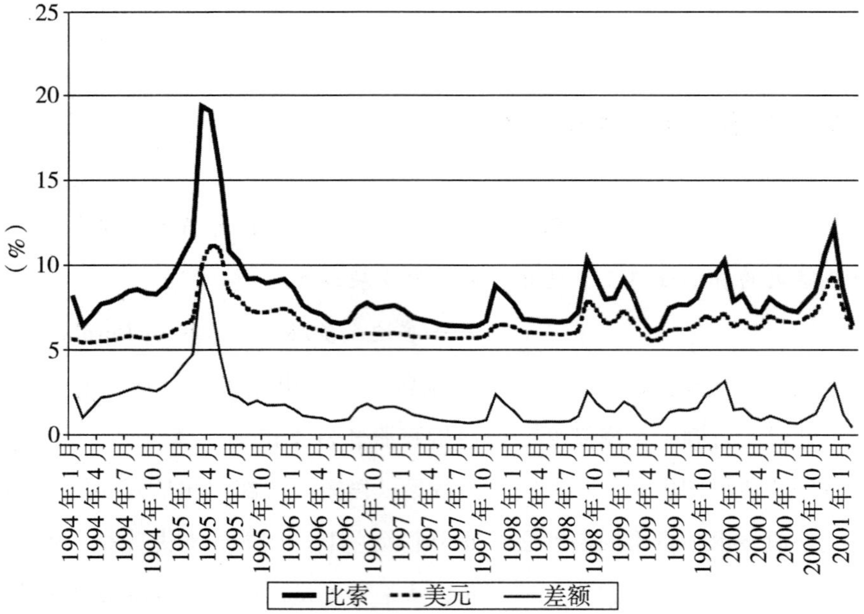

图2　阿根廷银行存款利率（30～59天期）

资料来源　Antinolfi 和 Keister（2001）；阿根廷中央银行。

5.11.1　美元化的收益

20 世纪末的全球化趋势是建立在人们自愿地、未经协商地接受美元作为全球交易媒介的基础之上的，如同人们在 19 世纪末接受英镑和黄金作为该基础一样。全球化的最薄弱之处在于各主权国家货币自治，这导致了在国际市场上不为人们所需要的货币的增加。而除了一系列信誉度不高的承诺（如立即以固定汇率或半固定汇率兑换）以外，这些货币与美元的挂钩并没有什么可靠的保障。

这种挂钩状态并非是政策的选择，而是国际交易中主权货币与被个人（及私人经济部门）选择作为可接受的价值储存手段的货币之间关系的现实反映。作为一种自发的而非强加的反映，以美元为基础的国际货币制度无关乎公平还是不公平的问题，也不涉及公正还是不公正的问题。公平和公正是人的行为特征，对一个无法分辨出谁是行为主体和决定主体的状态而言，不存在公平和公正的问题。[①]

世界上绝大多数国家的政府一直以来所声称的国家货币主权不再是一个经济选择，而完全是一个政治选择。而且，这一选择现在有害于各国本身。“各国拥有货币是为了在经济上获益”这一说法在面对如此多的反面例证时显得苍白无力。事实上，自1957年欧盟初具雏形以后，已经有证据清楚地表明，关于“在主权的框架内个人、国家和国际社会是怎样运作的”的观念可以在几十年间彻底改变。欧元的创立仅是这一转变最明显的外部表现。我们相信，全球货币一体化的经济条件和政治条件都已成熟。

全球货币一体化在经济上的好处将是巨大的。只存在少数几种货币将带来贸易量的增加、金融一体化的加深，以及生产力和实际收入水平的增长。而且，以任何理性的标准衡量，在全球大约2/3的地区，美元化都将意味着效率将立即得到大幅提高。1920年金本位制崩溃后，“中央银行运动”（central bank movement）对发展中国家而言明显是失败的。用蒙代尔的话说，在该运动的初期，“没有人预料到（中央银行）将变成通货膨胀的工具，将对财政部门唯命是从”。[②] 但是，事实上它们却变成现在这样。

与未实行美元化的国家相比，实行美元化的国家在通货膨胀问题上的纪录要好得多。[③] 有些经济学家长期以来声称，发展国内金融市场是重要的，因为这可以减少对美元融资的依赖。[④] 如果这些经济学家们放弃了这

---

① 见 Hayek（1976）。

② 见 Mundell（2003：34）。

③ Edwards 和 Magendzo（2002）发现，若用平均数计算，实行美元化的国家的通货膨胀情况较好，优势大约是55个百分点。如将未实行美元化的国家其恶性通货膨胀的年份去掉，实行美元化的国家仍然有3.5~5.7个百分点的优势，具体数字取决于将哪些产品计算在内。若用中位数计算，该优势大约是5.2个百分点。如果将恶性通货膨胀的年份去掉，是1.92~4.45个百分点。

④ 例如，见 Eichengreen、Hausmann 和 Panizza（2003），以及 Goldstein 和 Turner（2004）。

一想法，反倒可能得到他们想要的结果。美元融资对美元经济而言无疑是最合适的做法，对国际资本市场而言也同样是最合适的融资，因为美元资产数量最大、最为投资者所喜欢，其流动性也最好。由于美元化的经济体完全融入了以美元为基础的国际衍生品市场，因此在这样的经济体里进行风险管理更容易且成本更低。另外，无论各国政府如何做，当投资美元资产的机会出现时，发展中国家的民众都将理性地增持以美元计价的资产，尤其是保险年金之类的长期资产。①

5.11.2 美元化的成本

1）失去货币政策主权

在反对美元化的理由中最常见的是失去了货币政策的独立性。鉴于货币政策的主要目的是保持与物价稳定相匹配的最低利率水平，因而上述理由对世界上绝大多数国家而言都不成立。有多少拉美国家的中央银行可以将利率降到比纽约的利率还低的水平?② 在拉丁美洲，平均的真实贷款利率（经通货膨胀调整后的贷款利率）大约是20%。在巴西，1999—2003年实际贷款利率的平均值大约是60%。显然，如此高的利率阻碍了商业投资，并让财政赤字情况更加恶化。与此同时，在已实行美元化的拉美国家中，贷款利率最高的是厄瓜多尔，而厄瓜多尔的利率水平在2003年时也仅为4.4%。

我们不禁要问，即使发展中国家的中央银行有能力相机而动，可以指导名义利率上下波动，但这又能为国民经济带来什么好处呢？这就像选择了手动档的现代车（Hyundai）而放弃了自动档的雷克萨斯车（Lexus）一样，前者给予司机更多的控制权，但代价是在任何情况下性能都变得

---

① von Furstenberg（2003）指出，持有以本国货币计价的长期投资比持有以主要国际贸易货币计价的投资所获得实际价值保证要少。

② 见Dornbusch（2000）。

更差。

现在我们考察一下1998年当亚洲和俄罗斯发生金融危机、商品价格受到巨大冲击时，处于压力之下的拉美国家所实行的“独立的货币政策”是怎样运作的。那些有着灵活汇率体制的国家（如智利、哥伦比亚、墨西哥和秘鲁），不仅未能利用这一灵活性作为冲击的减震器，还大幅调高了利率，以防止本国货币受到攻击。但是，与实行固定汇率制的拉美国家相比，在过去的25年里，这些实行灵活汇率制的国家的实际利率水平与美国的利率水平的相关性要高得多。[①] 因此，这种独立的货币政策不仅没有起到减少冲击的作用，反而还加重了冲击。此外，这些拉美国家的实际利率水平与其货币的实际贬值率也高度相关，这反映了把本国货币贬值作为货币扩张的工具之一将会加大风险[②]。这种惩罚性的高实际利率也严重影响了该地区的经济增长。

有必要指出，通货膨胀在发展中国家是很吓人的，是它直接导致了货币错配，并进而引起了金融危机。一个国家的通货膨胀越高且越不稳定，该国发行的外债就越多，国内债券市场也就越不发达。[③] 另外，在解释为什么美元会被用于国内交易的时候，通货膨胀是唯一重要的变量，[④] 而它正是通向货币危机过程中致命的一步。

美洲地区在经济上越来越一体化，表现为在生产各种最终商品上它们是一个分工协作的整体。传统的独立货币政策和浮动汇率制正在瓦解。任何对最终商品的总需求的冲击都会以相同的方式影响各国的供给，所以任何汇率制度都不会带来凯恩斯主义的冲击吸收效应（shock absorption

① 见 Michael Gavin 在参议院银行委员会的证词（Gavin，1999）。

② 见 Hinds（2003）。

③ 见 Burger 和 Warnock（2002）。

④ 见 Reinhart、Rogoff 和 Savastano（2003b）；De Nicolo、Honohan 和 Ize（2003）。

effect)，即使在理论上也是如此。[①]

2）失去最后贷款人

反对美元化的人认为，美元化是用银行危机代替了货币危机。确实，取消了本国货币排除了中央银行通过印刷钞票挽救本国银行的可能。但是，在“有通过印刷钞票挽救本国银行的可能性”的基础上设计一种货币制度，就像建一幢拥有活动横梁的房子一样，在逻辑上，这些活动的横梁只是为了当一个肥胖的客人来访时，可以被方便地拆下来用以撑住沙发。

拉美、东南亚和最近土耳其挽救银行行动的结果都很糟糕，因为这样做使人们对经济的基础——货币的信心直接面临风险。对银行的救援不以外汇储备为基础，这种可能性的存在本身就意味着其实最终是由公众为银行的行为买单，这很危险。这会引起系统性的危机，因为最后贷款人需要做到的事情比它实际上可以做到的多得多。事实上，一些研究也十分明确地表明，一国国内存在最后贷款人这一情况本身就是金融市场波动性过大和货币危机出现的一个原因。[②] 对银行实施救援的资金来源应该是银行自己事先交纳的、经过风险调整的存款保证金，而不应该在发生事件之后在中央银行的资产负债表内暗中增加新的国债。

需要进一步指出的是，理论上假设最后贷款人可以通过印刷货币进行救援的做法在一个开放的经济体中是没有意义的。中央银行印刷超过需求的货币将引发资本外流，而这种通过资本账户的外流将耗尽中央银行的美元储备。巴西在 1998—2003 年发生的情况很好地证明了这一点。当时，只要有货币扩张，巴西中央银行的美元储备就下降，反之则上升。[③] 鉴于

---

① 见 von Furstenberg（2003）。

② 见 Antinolfi 和 Keister（2001）；Chang 和 Velasco（2000）；Mishkin（1999）；Fischer（1999）。

③ 见 Hinds（2003）。Hinds 提供了许多在世界各地危机发生时其中央银行大量借入美元的例子。

巴西中央银行无法在不失去美元储备的情况下印刷自己的货币，它的最后贷款人的力量是虚幻的。在2004年乌克兰混乱的大选期间发生的情况也可以说明这个问题：中央银行的美元储备直线下降，因为存款人将钱从银行里取出，并立即兑换成了美元。[①]

当面对金融危机时，中央银行需要美元。所以，正如卡尔沃一针见血地指出的那样，中央银行不再是最后贷款人，他们成为"最后借款人"(borrowers of last resort)。

3）失去铸币税（seigniorage）

当一个国家拥有自己的货币时，该国政府会从它的外汇储备中挣得利息，而用外汇购买该国货币的人，则不会从该国政府那里收到利息。发行不付息的本国货币，换回生息的外汇资产（如美国国库券），这之间的利差就是铸币税。

此项获利到底有多大呢？这取决于选用何种计算方法。如果用货币流通量（currency in circulation）的美元价值乘以美国短期国库券的利率，得到的数字大约相当于拉美国家平均GDP的0.2%。如果以基础货币(monetary base）的美元价值（比货币流通量要大）乘以发展中国家的国内通货膨胀率或利率（一般都比美国短期国库券的利率要高），将得到一个大得多的数字，大约相当于阿根廷危机前GDP的0.5%，厄瓜多尔GDP的7.4%。[②] 反对美元化的人常常引用第二种数据，并声称放弃本国货币的成本太大了。

"对谁而言成本太大了？"这是一个需要问的问题。用国内通货膨胀率（或利率）计算失去铸币税的损失，就是假设政府通过通货膨胀获利对国家是有好处的。但是，通货膨胀税是由公民支付的，所以就国家整体而言，并没有免费的午餐存在。从铸币税中所获利益的大部分都是以摧毁

---

① 见 Munter 和 Paivi（2004）。

② 见 Salvatore（2003）。

性的高通货膨胀为代价的，这种获利是不稳固的。而严重依赖通货膨胀税的政府更有可能对资本实施管制，防止其国民为逃避通货膨胀税而到国外储蓄。①

如果一个国家要实行美元化，一次性获得足够的美元以代替本国流通货币的成本估计约为拉美经济体平均 GDP 的 4% ~5% 。② 一个国家实行美元化的程度越高（即它的公民用美元替代本国货币的程度越高），这一成本就越低。另外，美元化的一些好处可以在相当程度上抵消这一成本（其中特别值得一提的是"对外汇储备要求降低"和"更低的发行公债的成本"），这些好处本身即超过了失去铸币税的损失。

尽管如此，失去铸币税仍然是反对美元化的最有力的依据。幸运的是，美国可以在不增加美国纳税人负担的情况下，使这一观点失去说服力。既然实行美元化的国家失去的铸币税会成为美国政府的收入，那么美国政府可以而且也应该把这一收入中的一部分还给这些政府。这正是2000 年美国《国际货币稳定法案》（International Monetary Stability Act）的核心，可惜的是，该法案没有成为法律（请参阅第 6 章）。

4）失去主权象征

如果一国公民已经在储蓄和交易行为中明显表现出了对美元的偏好，那么这说明他们认为，货币是个人的事情，而不是政府的事情。毫无疑问，爱国主义情绪表达在其他方面会更好。

美元化在某种程度上是否是不民主的，是对人民主权的侵犯呢？当然不是。实际上，在大多数民主政体里，都有一家（或一些）机构被特意创立，以使该机构在决策时免受民众的压力。③ 另外，国际法也提出了一些政府官员不应插手的事情（如没收财产），美元化就与此

① 见 Leblang（1997）。

② 见 Salvatore（2003）。

③ 见 Drazen（2002）。

类似。

用更大众化的语言说，假设有一次全民公决提出了这样一个简单的问题：您更愿意别人付给你美元还是比索（假设该国货币称为比索）？如果大多数人回答“美元”，那么按照民主的原则就没有理由继续保留比索。而假如是“我希望别人支付给我美元，但保留比索”这样的答案，其实就是说“我希望别人欠我的钱用美元还，而我欠别人的钱用比索还”，在合理的公共政策中是不应出现这种标准不统一的情况的。

5.11.3 美元化的替代方法

1）资本管制

阻止接触或接纳外国资本的机会将增加使用本地资本的成本，这就像钢铁配额或者关税对本地的钢铁使用者而言意味着钢铁成本上升一样。鼓励本币资本市场的发展是好事，但是本币资本市场不可能替代国际资本市场，如同菜园不可能替代超市一样。而且，政府“制造出”的私人资本市场不会比 eBay 制造出的网上拍卖效果更好。整理出一块地方是容易的，但让人们来交易是不容易的。要促进本币债券的交易，该国必须得有“国内通货膨胀是稳定且较低的”这样的声誉，而不是仅靠资本管制和爱国主义感情。① 最后，如果说资本管制防止了金融危机，其根本原因就是它防止了对本国货币的大量卖出。本国货币在一国之内的流动，即从富裕地区流向较贫穷的地区，从经济停滞的地区流向经济增长的地区，却几乎从不被攻击为不稳定因素。这清楚地表明，将美元化合法化不过是将某国变成“某个区域”，而该区域与世界上其他使用美元的地区之间的资金流动就类似于原来资金在一国之内的流动，

① 见 Burger 和 Warnock（2002）；Reinhart、Rogoff 和 Savastano（2003b）；Khan、Senhadji 和 Smith（2001）；Caprio 和 Honohan（2001）。

这不会造成本质上的不稳定，就像资金在纽约和西弗吉尼亚州之间流动不会造成不稳定一样。

2）自由浮动

这是一个好主意，如同许多用代数表达出来的观念一样。但是自由浮动在现实中是不存在的，并且是因为合理的原因而不存在的。在发展中国家，控制通货膨胀或是采取其他稳定经济的政策都必然要求对汇率给予关注。尤其是当一国事实上出现了一定程度的美元化时，为了防止私人经济部门大规模的违约和倒闭，该国政府更要采取类似的政策。但是，如同历史经验已表明的那样，实际上在将一个经济体“去美元化”的过程中，这些私人经济部门不可能不出现大规模的资本外逃和银行信用的崩溃。[①]

3）钉住

钉住越严格，对索罗斯们就越有吸引力。投机者们盼望有免费的期权，而中央银行的钉住汇率政策提供了一个最大的期权。另外，实行钉住汇率制国家的私人经济部门的美元借款敞口会更大，这会触发危机并导致在危机到来时情况变得更糟。[②]

4）货币局制度

中央银行是否积累了足够的美元储备以备偿还私人经济部门与政府部门的债务？如果是，那么巨额资本闲置的机会成本可能远远超过了因直接美元化而失去的铸币税；如果不是，货币局制度就拥有了钉住汇率制的一切缺点，正如阿根廷的惨痛教训。货币局制度给了私人经济部门最大的不套期保值借入美元的动机，如果情况过于严重，这会引发金融危机。

---

① Reinhart、Rogoff 和 Savastano（2003b）发现，在 85 个事实上已实行美元化的国家中，98% 都是这样。

② 见 Corden（2002）；Martinez 和 Werner（2001）。

5.11.4 实行美元化的国家的经验

表 2 是使用美元的国家和地区；表 3 是使用除美元以外的其他外国货币的国家和地区。

表 2　　　　　　　　　　**使用美元的国家和地区**

经济体	人口	GDP（10 亿美元）	政治地位	货币	从何时起（年）
美属萨摩亚群岛	57 902	0.5	美国领土	美元	1899
英属维京群岛	22 187	0.32	英国属地	美元	1973
东帝汶	1 019 252	0.44	独立	美元	2000
厄瓜多尔	13 212 742	45.48	独立	美元	2000
萨尔瓦多	6 587 541	30.99	独立	美元	2001
关岛	166 090	3.20	美国领土	美元	1898
马绍尔群岛	57 738	0.12	独立	美元	1944
密克罗尼西亚	108 155	0.28	独立	美元	1944
北马里亚纳群岛	78 252	0.90	美国自由联邦	美元	1944
帛琉群岛	20 016	0.17	独立	美元	1944
巴拿马	3 000 463	18.62	独立	美元、本国硬币	1904
皮特克恩岛	46	无资料	英国属地	新西兰元、美元	19 世纪
波多黎各	3 897 960	65.28	美国自由联邦	美元	1899
特克斯和凯科斯群岛	19 956	0.23	英国殖民地	美元	1973
美属维京群岛	108 775	2.50	美国领土	美元	1934

资料来源　http：//users. erols. com/kurrency/dllrlist. htm；《CIA 世界各国概况》。

表 3　　**使用除美元以外的其他外国货币的国家和地区**

经济体	人口	GDP（10 亿美元）	政治地位	货币	从何时起（年）
安道尔	69 865	1.30	独立	欧元（原来是法国法郎、西班牙比塞塔和本国硬币）	1278
可可斯群岛	629	无资料	澳大利亚海外领地	澳大利亚元	1995
库克群岛	21 200	0.11	新西兰内部自治领地	新西兰元	1995
北塞浦路斯	200 000	1.22	事实独立	土耳其里拉	1974
北格陵兰	56 384	1.10	丹麦自治地区	丹麦克朗	早于 1800
基里巴斯	100 798	0.08	独立	澳大利亚元、本国硬币	1943
科索沃	1 700 000	1.46	联合国托管	欧元	1999
列支敦士登	33 436	0.83	独立	瑞士法郎	1921
摩纳哥	32 270	0.87	独立	欧元（原来是法国法郎）	1865
黑山	616 258	2.00	半独立	欧元（1999 年起部分马克化）	2002
瑙鲁	12 809	0.06	独立	澳大利亚元	1914
纽埃岛	2 156	0.01	新西兰内部自治领地	新西兰元	1901
诺福克岛	1 841	无资料	澳大利亚海外领地	澳大利亚元	早于 1900
圣马力诺	28 503	0.94	独立	欧元（原来是意大利里拉、本国硬币）	1897
托克劳群岛	1 405	0.00	新西兰领土	新西兰元	1926
图瓦卢	11 468	0.01	独立	澳大利亚元、本地硬币	1892
梵蒂冈城国	921	无资料	独立	欧元（原来是意大利里拉、本国硬币）	1929

资料来源　http：//users. erols. com/kurrency/dllrlist. htm；http：//www. trncgov. com/abouttrnc _ demographicss . htm；http：//www. gesource. ac. uk/worldguide /html/1073. htm；《CIA 世界各国概况》。

虽然已实行美元化的国家大多数是小国，但它们经济稳定性的纪录却令人印象深刻，在通货膨胀、利率、实际汇率、资本流动以及银行经营失败等方面的情况都是如此。厄瓜多尔在2000年之前经历了毁灭性的资本外逃。它于2000年实行了美元化，此后，其银行储蓄存款和金融稳定性很快得以恢复。2004年，厄瓜多尔的通货膨胀率仅略高于3%，这在所有拉美国家中最低。萨尔瓦多在2001年实行美元化时的情况要比厄瓜多尔好得多。现在，该国的贷款利率大约是3%，而拉美国家的平均贷款利率是20%。

另外，已实行美元化的国家还拥有了更发达的金融体系，表现为其国民拥有了大量的只有美国中产阶级才能获得的金融产品——15～30年期的固定利率抵押贷款，这在其他发展中国家是无法得到的。而且，这些国家的外汇交易成本、对冲成本和银行储备成本都大大降低了（在巴拿马的下降幅度大约相当于GDP的5%）。[①] 私人财产也更加安全，因为“通货膨胀税”和“贬值税”不复存在，而汇率管制和强制兑换（例如，1982年墨西哥强加于银行美元存款，2001年阿根廷强加于银行美元存款）亦不会发生，其影响自然也就没有了。财政收支更加透明，这主要是因为试图通过衍生品交易掩饰美元储备的不足（泰国在1997年这样做过）的动机减弱了。简言之，尽管美元化并非神奇的经济药方，但它却明显是一个发展中国家将本国经济和金融体系融入外部世界的最安全的基础。

5.11.5 IMF和美元化

第二次世界大战后特别设立的IMF是为了支持一个以美元为中心的世界，而不是一个有着上百种货币的世界。当时的简单想法是，IMF可以以短期融资的方式帮助各国解决暂时性的收支不平衡问题，以维持其货币与美元之间的固定汇率。

在过去的20年里，世界发生了超乎想象的变化，这就向IMF提出了

---

① 见Moreno-Villalaz（1999）。

一些它无法满足的要求。在布雷顿森林体系下，各国得以在维持本国货币对美元（和黄金）比价的同时控制住利率水平，这仅仅因为当时的资本流动是受到限制的。然而，当发展中国家的政府和私人机构在20世纪80年代开始寻找国际资本的时候，许多这些国家的中央银行和财政部却仍想既维持国内的低利率，又维持与美元之间的稳定汇率，而这给这些国家的经济造成了惨重损失。

这也让IMF处境尴尬。自此，IMF一直试图让自己适应新情况或是让自己从中解脱出来，但未获成功。如今，在肯定国际资本好处的同时，IMF除了认可它日益增多的“客户”已接受（但理解片面）的常识——通向更广阔资本的途径将降低资本的成本以外，并没有什么可做的。但是，当这些政府为保持汇率稳定和“锚住”低通货膨胀目标而让本国货币钉住美元时，问题出现了。IMF的人员对此感到担心，他们会定期向这些政府提示本国货币被高估的风险，但是却既不能公开地表达担心，也不能公开地在政治上挑战这些政策，因为一旦他们这样做了，他们已取得的表面上的成功（吓退饥渴的外国投资者）就会面临风险。

当国内投资者和国外投资者终于嗅出了因汇率的存在而产生的违约风险时，对IMF来说，除了尽力控制火情以外，一切都太晚了。作为一家“银行”，它在这方面唯一能做的就是提供全套贷款，以防止现有债务发生违约；与此同时，制定一系列限制性政策，以保证这些国家的政府将来有能力偿还由IMF出借的新债务。

IMF已承认，在传统的限制性条件（如要求受援国财政收支透明公正）之外又提出了一些外围的、敏感的条件（如公司治理问题和“任人唯亲”问题等）是错误的，但是对银行业而言，有一条原则却是无可避免的，即一家银行应该可以充分地控制客户的行为，以保证贷款能够偿还，偿还的资金可以被重新投入未来的贷款。即使一家不以营利为目的的银行也应该成功地做到这一点，这样才能永续存在下去。至于IMF，它本应被视为一家承担着人道主义任务的机构，尽管它也一直在努力，但是在实际中却因为好像在危机中把痛苦强加给穷人而受到了指责。即便如此，如果没有 IMF 的贷款，受援国的政府就没有喘息的时间进行相对长期的改革，就可能要实行更严厉的经济措施以防止违约。遗憾的是，IMF 仍要挨骂。

IMF 还不可避免地在另一个方面受到指责，不过这次是来自政治上的右派。他们指责说，IMF 把巨额资金贷给了这些负债的政府，是用公共资金将不负责任的私人贷款者“解脱”出来，这在将来会鼓励更多的此类不负责任的贷款和借款。这就是所谓的道德风险问题，意指人们无需承担某项有风险的活动的后果时，就会更多地介入此项活动。

在经历了后果相对平静的阿根廷和巴西债务危机之后，IMF 开始集中精力约束在政治上备受指责的融资便利的未来需求。它的方法是试图把自己转变为某种形式上的国际破产法庭。这一行动计划被称为“国家债务减少机制”（Sovereign Debt Reduction Mechanism，SDRM）①，其目的并不是防止政府违约，而是努力把由违约带来的经济损失控制在一定的范围之内。具体做法是，刺激债权人就债务重组问题迅速达成妥协，而如果妥协无法迅速达成，则可以通过启动一个机制强加一份折中方案。这对 IMF 本身的吸引力是显而易见的，因为如果这一计划获得成功，在下次危机到来时，IMF 将可以使它的贷款活动不再受到左派反全球化主义者和右派反道德风险者的两面夹击。对 IMF 而言，不幸的是，这一建议受到了来自私人贷款者和政府借款者两方面的强烈批评。前者认为这会导致更多的违约和更多对贷款人不利的条款，而后者认为这将提高借款的成本。

无论这一计划或与之类似的计划最终能否实行，实行的范围有多大，IMF 的存在性危机（existential crisis）都仍将继续。国际资本的吸引力只会增加不会减少，因为金融服务业将继续膨胀，效率会更高，而这将进一

---

① 从后文看，此处应为“国家债务重组机制”（Sovereign Debt Restructuring Mechanism，SDRM）。——译者注

步降低全球资本的成本。发达国家投资资金的供给和发展中国家对资金的需求肯定都会增长，双方也都会因此获利。但是，同样可以肯定的是，在这样的一个金融更加一体化的世界里，98%的货币不能越境流通的状况将产生更严重的货币错配，更多国家的资产负债表将受到影响。更多的国家会取消资本管制，它们中的大多数在大多数时间里都将繁荣起来。但是，只要各国政府继续把各自的货币“注入”全球一体化的经济中，金融危机就会继续存在。在这样的环境下，对IMF贷款的需求不仅很可能使IMF不堪重负，而且很可能使它在政治上的合法性在左派和右派那里都受到致命的损害。

IMF的前景是如此黯淡，但我们在斯坦利·费希尔（Stanley Fischer）于2000年5月所讲的虽刺耳但中肯的话中找到了一线希望。时任IMF第一副总裁的费希尔说：“当你真正开始认真考虑的时候，你会发现，拥有自己货币的利益比原先认为的要小，尤其是在一国已在相当程度上使用美元的情况下。”[①] 我们要补充的是，其成本也比原来认为的要大得多。

① 见Milverton（2000）。

第6章　国际资本流动和美国对外政策

1995年，就在克林顿政府刚刚同意给墨西哥200亿美元的信贷额度后不久，据说时任财政部副部长的劳伦斯·萨默斯（Lawrence Summers）曾被戏称，他的人力资本当时是以比索计价的。[①] 幽默常常比严肃的话语更能反映出情况的严重性。

其实，远远不止这200亿美元取决于比索的命运。仅仅在一年以前，《北美自由贸易协定》（NAFTA）生效了，这一事件似乎预示着在墨西哥这个在经济和政治上都进展不大的国家，无论是从经济上看还是从政治上看，一个新的发展时代都将到来。可现在，被围攻的比索进一步崩溃了。这带来了恶性通货膨胀风险的可能性，可能会把墨西哥的公司、墨西哥人民的生活以及墨西哥的存款通通摧毁，把数百万人变成可怜的贫困人口。脆弱的、刚刚出现的民主也是需要考虑的事情之一。如果视野更加开阔的话，就会发现事实正如时任财政部长的罗伯特·鲁宾（Robert Rubin）所说的那样，“随着《北美自由贸易协定》的实施，墨西哥已被奉为发展中国家追求经济改革的典范。这一榜样的公然失败将使以市场为基础的经济

---

① 见Roubini和Setser（2004）。

改革和全球化进程都遭遇重大挫折”。[①]

对美国来说，虽然有崩溃带来的直接经济影响，但对处于上升趋势中的美国经济而言，这仅是一次可以控制的“颠簸”。但是，如果跳出美国的范围并从长期来看这个问题，前景就会显得黯淡得多。墨西哥经济凋敝将引发墨西哥人向北方邻国进发，这会引发大规模的移民潮。这一移民潮的规模将远远大于现有规模——要知道，就连现有规模的移民潮也已经被美国视为严重的社会和政治问题了。如果墨西哥以南的拉美国家的货币因受到影响也贬值的话，投资者就会被吓坏，而巨额资金就会流回美国。于是，建立在自由人和自由贸易基础上的新世界秩序将在恐惧、经济悲观主义和不安全感中被压得粉碎。现在，这位财政部副部长必须权衡所有这些因素，而他在国会的批评者眼中，却被视为正在用美国财政部的钱挽救贪婪的银行和腐败的外国人。

以现代货币危机的标准来看，这次危机有一个令人愉快的结局：墨西哥没有崩溃或违约，全球经济一体化继续蹒跚前行，就连财政部副部长本人的人力资本也没有受损。但是，这一事件预示着即将到来的更多的货币危机，如泰国的、韩国的、马来西亚的、印度尼西亚的、俄罗斯的、土耳其的、阿根廷的和巴西的危机。每一次危机都在全球范围内引起了巨大的对贸易和资本流动以及更广义的经济自由主义的反对潮。

在“世界是以经济上的相互依存和彼此开放为基础”这一观点重获支持的同时，美国正在努力寻找预防新一轮货币危机的方法。在这个过程中，从美国的角度看，有太多的事情处于危险之中。如果在独裁主义和自由民主之间摇摆的各国政府看到自己的合法性由于海外贸易和投资而加强，它们就会在国际事务中尽力避免冲突和维护稳定。如果情况相反，它们发现自由化将不可避免地导致国内混乱，它们就会通过在与刚刚形成的、美国领导下的国际秩序的冲突中建立自己的合法性。实际上，与美国

---

① 见 Rubin（2003：5）。

的军事力量可以保卫美国人——这让美国人在世界各地备受羡慕——同样重要的是美国的软实力。通过软实力保护美国人的途径有：使“和平解决各国政府之间的冲突”成为一条全球通行的原则，以及保证人们之间可以自由地进行经济交易等。软实力的保护作用从长期来看更有效率，也更可靠。没有什么比发展中国家的公民觉得“现有原则损害了他们的利益而肥了美国”更有害于美国的软实力。预防货币崩溃的反复发生（尽管不幸，但现实依然是一些国家将它们的经济建立在本国货币基础之上），这是使自由的国际经济秩序在持怀疑态度的普通民众眼中合法化的关键所在。

6.1 对外政策和经济学的斗争?

发生在克林顿政府内部的关于如何处理墨西哥、韩国、印度尼西亚、俄罗斯和其他国家的货币危机的争论，可能会给外部观察者这样的印象：要么根据外交上的关切，要么根据经济上的考虑来做出决定。也就是说，美国要么在资金上支援韩国，以防止它的不稳定被朝鲜所利用；① 要么拒绝给予这样的援助，以节省美国国库的开支和吓阻将来可能发生的过度的、起不稳定作用的海外贷款和投资。

尽管两种考虑可能都是有道理的，但是从任一单方面来看这个问题都是不全面的。仅从对外政策的角度来看这个问题是失真的，除非用经济学来校正。这是因为，没有合理限制性条件的资金援助意味着达到对外政策目标的可能性较低。而如果单从经济学的角度来看这个问题则毫无意义，除非在进行经济考量的同时可以把事情的关注点放在对外政策的优先事项

---

① 鲁宾说，这是美国国务院高层最关注的问题（2003：230 ~ 232）。

上。毕竟，各种金融结果的可能性仅是如何采取行动的一个有意义的指引，而究竟应该采取什么样的决策，则最终取决于各种结果的相对战略重要性。

在实践中这意味着什么呢？

一方面，美国国务院可能希望把给予一个盟国资金援助的承诺作为向敌对国家发出的信号，即美国不会给它们利用经济不稳定的机会。这是一个完全正当的奉献美国资金的目标。但是，仅仅知道有这样一个目标还不能促使美国做出投入资金的行动，国务院还必须了解需要给予和承诺该受援国多少资金，才最有可能成功保证该国的稳定。假如情况是，要使该国金融稳定的可能性最大化，需要改变该国的货币政策和重新计划（或是减少）该国政府的开支，但在实际中却把钱投入了与该国政府有关联的银行和其他企业，那么这些援助资金就未能服务于美国的对外政策目标。针对这一点，可能有人会反对说，经济专家的判断常常是错的，但是经济学家常常犯错不能作为在经济上无知的理由。

另一方面，如果需要的援助资金在金额上高得离谱，美国却仍然坚持宣布帮助该国防止外债违约，则这种仅具有象征意义的承诺举动不可能有助于美国对外政策目标的实现。毕竟，为预防危机向投资者和其他国家政府发出“美国将保证向战略重要国家输出资金”这一信号本身就代表了一种对外政策风险。道德风险并不只是银行家们需要考虑的问题。

下面来考虑经济学视角。如果财政部不考虑受援国是斐济还是伊拉克，就对一项 200 亿美元的贷款担保建议提出批评，理由是这笔贷款仅有 50% 的偿还可能性，这样做有意义吗？如果一个友好政府没有这 200 亿美元的贷款担保就有可能被一个反美政府所取代，而仅仅由于这项贷款担保会给国际借贷业务带来道德风险就拒绝，那么拒绝的理由充分吗？上述两个问题的答案显然都是“不”。在这两种情况下，对外政策的考虑都决定了某一特定的金融风险是否值得承担。

将克林顿政府有关内部危机处理的决策过程比作主张挽救的、鸽派的国务院与耳聋的、强调道德风险的、鹰派的财政部之间的竞争可能有些将事情漫画化了，但是两家机构之间的紧张关系确实易为人们所觉察。国家安全顾问代表詹姆斯·斯坦伯格（James Steinberg）的原话是：

“像我这样的国家安全顾问在争论时提出的最极端的论点是，（大型救援行动）即使一定会失败也值得一试。我们当然没有这么说，这么说只是为了用一种极端的方法表达我们的意思。而财政部最极端的论点是，除非一定会成功，否则就不要做。双方妥协的结果是，如果绝对没有用处，那做这件事就没什么好处。我们接受了‘如果要做的话得有一些成功的可能性’这一观点，而财政部接受了‘不一定非得当成功的可能性很大时才可去做。只要有可能会成功，即使低于50%的概率，在政治上也有尝试的价值’这一观点。”①

当韩国发生金融危机时，国务院与财政部之间的关系尤其紧张。斯坦伯格与国务卿马德琳·奥尔布赖特结盟，坚决认为美国和IMF给予相当金额的资金支持是必要的。斯坦伯格坚称，“现任总统将不会像杰米·卡特”（他是指20世纪70年代时美国前总统提议减少韩国驻军，结果在整个亚洲引起了一片批评声）。② 而财政部长鲁宾则慎重得多，他担心，如果干预失败，金融市场将失去对IMF危机管理能力的信心，而IMF的信用就会被白白浪费。鲁宾是这样描绘韩国金融危机期间的决策制定过程的：

“出于一些可以理解的原因，我们财政部的人员和政府里管对外政策的人员看待这个问题的角度不同。马德琳和其他对外政策顾问……主要担心的是我们与一个关键军事盟友的关系以及其他一些国家安全问题。他们认为，韩国的任何不稳定都会引起朝鲜的反应，而朝鲜军队已经处于一定程度的高度警备状态。他们还认为，我们这些管经济的人员对地缘政治的

---

① Bulstein（2001：139）援引。

② Bulstein（2001：138）援引。

关切度不够，美国需要快速行动起来，通过 IMF 和（从外汇平准基金中拨出的）援助贷款向韩国表明支持的态度……我的强烈感觉是，如果经济稳定未能得以重建，我们的地缘政治目标也不会实现……在尚未得到足够的改革承诺时就让 IMF 和我们自己做出承诺，给予韩国资金上的支持，这可能使韩国更难以回到正常的轨道，因为在没有附带硬约束条件的情况下给钱，会减少让韩国接受一个可行方案的意愿。”①

鲁宾还描绘了当俄罗斯发生金融危机时两个部门之间更为紧张的关系：

“这次事件中的一个问题是，那些在地缘政治领域内的人员对经济领域问题考虑得不全面，反过来也是这样。即使在杜马投票（反对改革，而改革是 IMF 持续贷款的前提条件）之后，克林顿政府内的对外政策团队仍然非常专注于帮助俄罗斯找到一条途径……要求财政部在提出更少要求的情况下将事情进行下去，这（对财政部）有很大的压力。我承认，即使给予更多的支持也不会获得任何好处，我们也需要表现出愿意帮忙的姿态。可是，我依然坚信，另一方面的风险可能更高。我是如此坚信这一点，以至于我觉得如果他们想要换一位愿意动用外汇平准基金或是试图强迫 IMF 行动的财政部长，我都无所谓。”②

国务院和五角大楼虽然都觉得财政部在对外政策优先事项上的配合程度不够，但是它们都不想让财政部做出自己的对外政策判断。它们只是需要财政部的合作，以使对外政策可以顺利实行。

下面是 1998 年印度尼西亚危机的例子。当时，财政部越来越对苏哈托总统按 IMF 的要求实行经济改革的意愿和能力表示怀疑，最终财政部的立场是任何给予该政权的进一步大规模援助都只会有损 IMF 的信用。鲁宾在政府范围以外寻求自己的对外政策建议，询问的人包括亨利·基辛

---

① 见 Rubin 和 Weisberg（2003：232 ~ 233）。

② 见 Rubin 和 Weisberg（2003：277 ~ 279）。

格（Henry Kissinger）、保罗·沃尔福威茨（Paul Wolfowitz）和李光耀（Lee Kuan Yew）等。听了建议之后，鲁宾对政府的对外政策团队大为光火，决定自己披挂上阵来改变印度尼西亚的政治状况。鲁宾的顾问罗伯特·布尔斯丁（Robert Boorstin）在谈到印度尼西亚经济改革的前景时，回忆说有一份备忘录是这样写的："只要苏哈托在台上，就无论如何都不可能成功。"国家安全委员会首席亚洲问题专家桑德拉·克里斯朵夫（Sandra Kristoff）对鲁宾坚持"没有政治改革，经济改革就进行不了"的观点非常震惊。她说："在（白宫办公室主任）艾尔斯金·鲍尔斯（Erskine Bowles）的办公室里差点拳脚相加。"布尔斯丁则是这样形容这次争斗的："他们认为我们是一群不学无术的人，侵犯了他们的领域；而我们觉得他们是想给任何人任何数目的钱，还天真地假设这真的会使那个国家稳定下来。"①

其实，双方都犯了错误。东亚事务助理国务卿斯坦利·罗斯（Stanley Roth）认为，在经济援助上附加政治条件是荒谬的，因为"苏哈托从现在起还要在台上待3年"——他大概是这么想的。② 而在财政部方面，鲁宾记得的是，"在韩国危机期间，在与纽约一位显赫的银行家的谈话过程中，我对他和他的银行对这个国家了解如此之少却贷出了如此之多的贷款感到十分震惊"。③ 但是，这与由财政部支持的IMF对亚洲的一揽子援助所附加的限制性条件根本是毫不相关的两件事。今天，这些条件被普遍认为是近乎可笑的对结构性改革所进行的干涉。事实上，如果主要投资者真的对像韩国这样的亚洲经济体都一无所知的话，那么要想重拾投资者对印度尼西亚的信心，怎能牵扯到要把这个仍在台上的独裁者推翻呢？

虽然双方都有错误，但在这一过程中，双方也有许多对的地方。财政

① 引自Bulstein（2001：228~229）。

② 引自Bulstein（2001：230）。

③ 见Rubin和Weisberg（2003：258）。

部的立场，即在评估经济改革前景时，需要在对苏哈托的政治角色进行充分调查的基础上进行判断，这当然是对的——一个有见地的经济判断需要一个有见地的政治判断。但是国务院的立场，即苏哈托是应留在台上还是被赶下台不应由他是否能够实现财政部的改革日程表决定，这明显也是正确的——一个政治判断不应仅建立在经济标准上。

于是，问题不再是在国外发生金融危机时哪一方的立场更为明智，而是变成了决策过程是否可以得到改善。

通过机构改革来纠正政府决策过程中的不完善，即合并这个机构、协调那个机构，然后一切都会好起来——这一想法很有吸引力。但是，我们在这里想重复一下查尔斯·希尔（Charles Hill）的警告，以避免“一面对政府问题就想到结构改革或是机构重组”这一诱惑。①

其实，“外国金融危机给美国带来的到底是什么”这个问题并不总是很清楚。在亚洲危机中，国家利益究竟是什么？其本质上是政治问题还是经济问题？从保卫美国安全利益的角度看，这一地区充满潜在的着火点，比如朝鲜半岛和台湾海峡；从保卫美国经济利益的角度看，这一地区购买了美国30%的出口商品。从这两个不同的角度看，战略是一样的吗？即使把政治问题和经济问题分开各自独立分析，情况也都极其复杂。在印度尼西亚，就政治目标而言，是防止政权更迭、应付政权更迭，还是鼓励政权更迭呢？实际上，正确的答案在很大程度上取决于时间：政权的立即更迭恐怕不是希望看到的事情，但一年以后的有秩序的政权交接应该是理想的。就经济目标而言，是防止大规模违约的发生，还是在违约发生后令其在国内和国外的影响最小化呢？如果为解决这次危机实施的战略会让将来的金融危机更易发生且更难处理，那么对第一个问题的答案是否还是一样的呢？

---

① 见 Hill（2004）。

显然，这些都是不易回答的问题。最重要的是要排定优先顺序。一方面，需要先排出明确的政治优先事项，作为做出经济判断的背景。另一方面，也需要先充分了解进行或停止一项经济干预可能造成的后果，再做出政治判断。

优先顺序的建立只取决于总统的判断，没有其他的替代选择（合并这个机构、协调那个机构之类的行为都无济于事）。克林顿总统最终选择了财政部顾问们的判断，但这并不表明在总统做出选择前，财政部、国务院、国防部和国家安全委员会之间就已存在着等级上的差别。我们猜想，如果面对印度尼西亚的货币和政治危机的是布什总统，那么与克林顿总统相比，他更倾向于依赖国家安全顾问。

在外国发生货币危机时，总统需要最好的政治建议和经济建议，但总统不能让政治顾问和经济顾问各自去完成自己的任务。总统必须定义一个唯一的、清晰的任务，然后根据这个任务再草拟一份融合了政治考虑和经济考虑的战略。政治观点和经济观点怎样才能被融合到一个战略里呢？

显而易见，在财政部内部创立政治和安全支持小组专职负责可能发生危机国家的做法是不明智的。但是，让外交部和安全政策机器（国务院、国防部和国家安全委员会）的成员加入一个由货币危机领域经济学专家组成的、人员来源广泛的团队是十分重要的。在这个重大危机的发生像闰年到来一样频繁的世界里，财政部可以让这个团队独立地、负责任地写出自己在经济方面的意见。这样做不是为了要两套专家意见或让这些专家的意见替代财政部经济专家的意见，而是为了让团队的领导者独立评估财政部在经济方面的判断是否与政治目标相符。

这就要求下一代外交和安全专家的经济和金融背景应比现在的专家深厚得多。这种背景的获得既要通过课堂的学习，也要通过市场的培养。在这个资本流动已成为国家经济发展和政治结构发展重要影响因素的世界里，美国的外交和安全机构要想引导金融人士的行为，就必须具备此类知识。

这将怎样影响到与财政部的关系呢？鲁宾曾告诉我们："我们喜欢在国务院里能有这样的人可以与之交流此类问题。"[①] 他在他的自传里提到了美国前驻韩国大使斯蒂芬·博斯伍斯（Stephen Bosworth）："我们未来需要更多这样的外交官——既有外交经验和技巧，又对经济问题有着很好的理解。"[②]

6.2 IMF的政策

如果华盛顿不是独自操纵IMF木偶的那个人，它就是在危机发生时控制着绝大多数条线的那个人，这是一个公开的秘密。一个悖论是，从长期来看，这有损于美国的对外政策利益。如果IMF的大部分援助更有可能给美国的核心盟国，那么这一情况本身就可能导致"流向这些国家贷款过多"的可能性更高，而华盛顿最害怕的恰恰是这些国家发生违约所带来的影响。

尽管测量道德风险更多的是一门艺术而不是一门科学，但是俄罗斯的例子却是鲜活的事实。银行家们明显都在赌"大而不倒"（too big to fail）逻辑（尽管最后还是失败了）。前财政部副部长大卫·利普顿（David Lipton）称，投资者投资于收益率高达80%的俄罗斯债券是"道德风险游戏"。[③] 到了IMF介入的时候，对俄罗斯致命的短期债务进行重组已不可能。投资者完全拒绝了高盛为俄罗斯政府设计的提供给海外投资者的掉期——用高收益的、以卢布计价的GKO债券换取低收益的、以美元计价的

① 采访，2004-05-04。

② 见Rubin和Weisberg（2003：239）。

③ 见Rubin和Weisberg（2003：278）。

长期债券。根据一位交易员的话，这是用“野马换骡子”。①

在墨西哥、阿根廷和土耳其的例子中，道德风险上的证据没有这么明显，但有证据表明，引起对这些国家投机的因素是美国的对外政策，而不是美国国内的基金分析。随着时间的流逝，这种向友好国家贷出的过量贷款给美国造成的安全麻烦将变得复杂而不易解决。基于这个原因，华盛顿必须立刻采取措施，抑制这些国家对未来大规模危机贷款的渴望和需求。

政策的核心是要在全球范围内稳定货币。IMF 的政策制定临时委员会的成员由成员国的财政部长和中央银行行长组成。1997 年，该委员会建议执行委员会修改 IMF 章程中的一些条款，“以使资本流动自由化成为基金组织的目标之一”。但是，只有使世界摆脱那些不能有效充当国际交易媒介的货币，资本的流动才有可能是安全的。而且，未来的情况肯定是资本流动迅速增长，这是因为新兴市场国家需要资本，而不是因为外国金融机构能够强迫新兴市场国家接受资金。

尽管美元和欧元的使用范围继续扩大，而各国自己发行的主权货币的数量继续减少，但无论华盛顿和布鲁塞尔是否采取积极的推动措施，这都明显是一个长期的过程。而在长期，会有过多的货币危机使 IMF 破产。所以，深入的改革是必要的。

IMF 现在的发展道路涉及三条战略：第一条战略是，帮助发展中国家实施更有效率的、独立的货币政策，控制财政赤字，监督和控制在公共部门和私人经济部门发生的货币错配现象，推行以改善银行业安全和稳健情况为主要目标的结构性改革；第二条战略是，开发更好的货币危机预警指标系统；第三条战略是，安排某种形式的国际破产程序，目的在于当危机发生时，给予外国债权人更大的激励，以使其迅速同意一个有秩序的债务

---

① 见 Bulstein（2003），引自《欧洲华尔街日报》（*Wall Street Journal Europe*）。Bulstein 还称，美林的一份客户报告说，GKOs 债券“由于 IMF 的新贷款而贬值的风险很小”，“IMF 的贷款实际上保证了稳定的汇率，至少在整个夏季里都是如此”。

重组协议。

在第一条战略中，IMF 模仿了 OECD 的“智库”角色。除了自己提供建议，当情况需要时，IMF 还可以附带向其“客户”免费提供私人咨询服务。其实，这对 G7 资金的用法倒没有什么害处，因为无论是 G7 还是 IMF 的客户都不对 IMF 的经济建议心存幻想，他们不会真的认为 IMF 的经济建议在整体上好于私人智库（常常对 IMF 提出批评）的建议。

鼓励作为客户的政府实行更透明的财政政策，是一个常用的从属战略。但是，这一战略的成功首先取决于政府没有什么值得隐瞒的。可是，有罪的人很少会开个博客广而告之。泰国政府在 1997 年时就采取了积极的措施隐瞒它的头寸情况：它在掉期市场上卖出了美元，同时声称这些美元仍然是可用的外汇储备。

前财政部长鲁宾说：“目前，一个国家几乎不可能再像泰国、韩国或是更早些的墨西哥那样隐瞒它真实的外汇头寸。”① 我们不同意这一观点。运用复杂衍生产品的风气必然将在发展中国家政府中流行，它们将与富裕国家里那些无赖公司和某些政府一样，掌握这个做假账的工具。在 20 世纪 90 年代末，G7 成员国之一的意大利好像就使用过与安然公司十分类似的衍生产品合约来做假账。它的那些日元/里拉掉期合约以一些表面上看起来就十分奇怪的汇率成交，其目的在于人为地减少财政赤字，以使它能满足加入欧元区的财政标准。② 简言之，我们赞赏 IMF 和其他人鼓励发展中国家进行更加审慎的经济管理，但与此同时，我们对 IMF 的建议或判断的完美程度以及接受其建议的政府的诚信不存幻想。

第二条战略，即“努力改善危机预警指标”也很好——倘若 IMF 可以做到让私人市场里的人听不到它的那些末日预测的话。IMF（其实也就是其中的每个人）至今为止的预测纪录很糟糕，而且它似乎更善于通过

---

① 见 Rubin 和 Weisberg（2003：263）。

② 见 Piga（2001）和 Steil（2001）。

在华尔街吹响违约警报的号角来引起危机而不是预防危机。

关于第三条战略，IMF 已经后退了。IMF 为主权国家们制定“第 11 章”（Chapter 11），这引起了私人贷款者和政府借款者两方面铺天盖地的批评。“国家债务重组机制”（Sovereign Debt Restructuring Mechanism, SDRM）[①] 是指，建立一个由 IMF 发起的协商平台（forum），以解决危机中的债务重组问题。该协商平台将贷款者和借款者聚到一起，不再单独主张个体诉讼人的权利，而是站在全球的基础上进行裁定。私人贷款者合理地指出，“第 11 章”中所用的类推虽有吸引力（这是种危险的吸引力），但有误导之嫌。例如，“国家债务重组机制”也适用于已经存在的债务，这样它就使得已存在的合约权利无效了。与此同时，它还忽略了破产托管人的重要角色。一般而言，破产托管人的任务是在破产程序中控制债务人的行为及资产。[②] 而且，政府借款人还希望“国家债务重组机制”可以帮它们吓阻所有的贷款人——这倒是该机制的支持者们考虑过的巨大“吸引力”之一。[③] 与该机制相比，另一个更适度也更明智并得到了极大支持的建议是，将集体行动条款（collective action clauses, CACs）引入国家债务合同中，这样既可以防止少数债券持有人阻止重组进程，又不必让各方在违约发生时不得不服从于一个新形式的超国家法庭。

IMF 这些战略的目的在于减少危机贷款的需求，但这一目的却无法达到。IMF 现在贷给主要新兴经济体的贷款比它在亚洲、俄罗斯和巴西危机顶峰时的贷款总额还多，而且它现在的贷款也贷给了那些负债累累的国家。[④] 它的风险敞口在扩大，更为可怕的是，它的风险很集中。2003 年年

---

① 原文如此，与前文“国家债务减少机制”（Sovereign Debt Reduction Mechanism）表述不同，但估计前文的“Reduction”有误，应是“Restructuring”，二者应是统一的。——译者注

② 见 Galvis（2003）。

③ 例如，见 White（2002）。

④ 见 Roubini 和 Setser（2004）。

底时，巴西、土耳其和阿根廷三个国家共欠 IMF 675 亿美元，占 IMF 对外贷款总金额的 72%。[①]

随着资本账户的自由化，更多地区会发生货币错配现象，危机贷款只会越来越多。最好的情况是，新的主权国家破产程序将有助于加速债务重组进程，从而有助于阻止危机的扩大。但是，新的破产程序不可能显著减轻针对 IMF 的强大政治压力，人们还是会要求 IMF 去防止官方贷款违约现象的发生。更重要的是，在发生过货币危机的八个新兴市场国家中，只有一个国家的危机焦点在于国际债券，这个国家是阿根廷。而且在阿根廷的事件中，因国内银行挤兑和外国银行突然收紧贷款而耗费的外汇储备远比因支付到期债券而耗费的外汇储备要多。[②] 所以，“国家债务重组机制”和集体行动条款仅仅解决了问题的一小部分。

道德风险问题当然可以通过简单地停止贷款而被消除。但是，取消 IMF 或是把它降格为一个智库，只会带来要求 G7 重新建立多边贷款机制的政治压力。这种压力在美国尤其大，因为 IMF 是美国用欧洲和日本的钱解救美国盟国的秘密工具——尽管这是官方措辞。而且，这样的政治压力并非完全没有经济上的逻辑：流动性危机和支付危机常常难以区分，但是两者确实是不同的，防止前者转化成后者的努力有可能取得成功——1995 的墨西哥就是最好的证据。

在政治上，最好的结果可能是，美国将把自己看成尤利西斯（Ulysses）：用把自己牢牢地绑在桅杆上的方法抵御“去解救没有支付能力的朋友”的诱惑。比如，有助于达到这一目的的方法可以是对 IMF 董事们的权力进行限制：当 IMF 的工作人员做出的分析不支持贷款时，董事们就无权贷款。实际上，假如没有美国的公开支持，IMF 于 2001—2003 年贷给阿根廷的、如今情况不佳的贷款就会减少很多，而如果 IMF

① 见 Wolf（2004）。

② 见 Roubini 和 Setser（2004）。

的董事们在充分考虑其属下工作人员的意见（工作人员们的经济判断常常会更有批判精神）之后决定不贷款，美国就可解脱出来，不会因为不支持贷款而受到指责。有人会说，这种政治上的自我克制（self-abnegation）是不可能的。如果这些人30年前在谈到中央银行的独立性时也这么说，事实就会证明他们是错的。国会应该会喜欢听到美国政府大喊一声："在我再贷款之前阻止我!"

如同预想账单将会被分摊的点菜者会点得过多一样，可能从贷款中分得利益的IMF董事们会贷出过多的贷款。给予IMF的执行董事在工作人员的经济分析不支持贷款的情况下否决贷款的权力，有助于促使IMF贷款的发放标准更严格并保持前后一致，贷款的发放更谨慎，道德风险更少。而且，这并不阻碍美国或其他G7盟国在没有IMF的担保或资金帮助的情况下用自己的钱进行救援。在向墨西哥和土耳其提供援助的时候，在IMF的贷款之外，美国还提供了相当数量的双边贷款。不过，双边贷款显然要受到更多政治条件的限制（法律上的和民主方面的），这就迫使G7国家的政府（潜在贷款提供者）在国会和公众面前必须事先明确自己的标准。

6.3 作为美国对外政策的美元化

从长期来看，找到贿赂人们实行美元化或者至少是返还因美元化而多赚的钱的方法，应该是优先的对外政策。我认为，美元化对于整个世界的好处是显而易见的。

——劳伦斯·萨默斯（Lawrence Summers）[①]

① 见Summers（1999：32）。

6.3.1 克林顿政府和布什政府的美元化政策

关于美元化的好处，鲁宾和萨默斯两人的观点差异很大。鲁宾不太重视美元化，甚至觉得美元化没什么好处。而萨默斯恰恰相反，他在从政前就公开支持美元化，在从政后也一直默默地支持美元化。官方的立场是严格中立：美国既不积极协助，也不反对他国实行美元化。

1999 年 4 月，当时是鲁宾副手的萨默斯在参议院银行委员会作证时陈述了美元化对美国的潜在好处：美国与实行美元化的国家之间的贸易和资本流动将更多且成本更低，这些国家会更加稳定并得到进一步发展，而美国政府会获得额外的铸币税收入。负责国际事务的助理财政部长埃得文·杜鲁门（Edwin Truman）还补充说："更加国际化的货币会带来权力和威望。"① 此外，萨默斯也列举了潜在的成本。比如，实行美元化的国家可能会给美国施加更大的压力，或基于自身的利益要求美国进行经济干预（它们既可能在其经济衰退时要求低利率，也可能在其金融体系发生危机时要求援助）。另外，当美国的货币政策被认为是不合适的，或是被认为未考虑到它们的要求时，这些实行美元化的国家可能会对美国怀有直接的怨恨。

2000 年，共和党参议员康妮·马克（Connie Mack）和众议员保尔·赖安（Paul Ryan）分别向参、众两院提交了《国际货币稳定法案》，在共和党控制下的立法机构里明确表现出了积极支持美元化的姿态。这一法案的目的在于减少外国政府实行美元化的成本。它通过建立一个正式的、量化的程序计算美国因美元化而得到的铸币税收益，并将收益的 85% 返还给已实行美元化的政府。剩余的 15% 中的一部分用于补偿先前已实行美元化的国家，一部分用来弥补美联储因管理规模更大的货币供给而增加的

① 见 Truman（2000）。

成本，还有少量的收益留给了美国财政部。

这一法案使“美元化将导致实行它的政府失去可观的铸币税”这一被反复提起的反对美元化的理由不再成立。为实现美元化，一国政府需要有足够多的美元。要想获得足够多的美元，在没有美国政府帮助的情况下，该国政府就必须拿附息美元资产（如美国国债）来和美联储交换，而对于这类资产，美国在其他情况下本来是必须支付利息的。可见，外国政府利息收入的损失对美国而言是纯粹的意外之财。所以，将这部分钱返还给实行美元化的国家对美国的纳税人而言不存在额外的负担。①

法案的第二部分强调了由外国货币不稳定所造成的经济损失，并将美国鼓励外国政府实行美元化称作美国正在进行的“巩固国际金融大厦”努力的一部分。在铸币税返还方面，该法案给予了财政部很大的自由决定权。如果这些外国政府停止满足为保证其国家合理实行美元化所设立的标准的进程，或是不再对外开放银行业和让本国银行业符合国际标准，② 或是不再和美国在反洗钱和反假币方面合作，那么财政部可以减少或取消返还铸币税收益。该法案还进一步规定，美联储不因这些国家实行了美元化而在制定和实施货币政策、履行最后贷款人的职能、监督金融机构等职责上有任何改变。

尽管萨默斯本人长期以来都认为美元化是一个众望所归的发展，但作

① 或者，美国可以在一国实行美元化时将新发行的美元一次性地换给该国的中央银行，为该国提供最初的美元流动性。而作为交换，美国将收到一笔金额固定的、即将退出流通的该国货币，这些不付息的货币将作为担保由美国持有。以阿根廷为例，这种一次性交换大约需要 160 亿美元。如果已实行美元化的国家将来要“去美元化”，则将以相同的汇率进行反向的货币互换。用这种方法，实行美元化的国家没有任何铸币税损失。但在另一方面，由于实行美元化的国家的经济增长会导致对不付息美元需求的增长，美国却仍然可以获得一笔巨额的、意料之外的铸币税（见 Barro，1999）。这一协议最大的风险在于，已实行美元化的国家将来可能会不遵守其货币互换的承诺，选择发行新式货币并宣布美联储持有的货币无效。但是，这样具有敌意的行为足以表明两国关系已经破裂，而破裂原因肯定不只是对这些抵押货币存在争议。

② 这些标准包括国际清算银行的巴塞尔银行监管委员会建立的有效银行监管的核心原则。

为财政部长，他在 2000 年 7 月写给参议员马克的信中却没有给予该法案“在目前阶段的”的行政支持，理由是分享铸币税的机制“将带来许多复杂的政治、经济、对外政策和预算问题”。一整套的铸币税收益返还计划给人的表面印象好像是一个新的大型对外援助计划，这让财政部感到担心，这可不是它们希望在大选年推出的计划。对于法案的细节，财政部也有一些担忧。比如，如果一个已实行美元化的国家其未来的政府恰好对美国是不友好的，而美国却每年都要向其返还收益，这会令美国政府颇为尴尬。

该法案在参议院银行委员会获得了通过，不过由于预算争斗造成的时间延误，该法案从未在参议院全体范围内进行过表决。在众议院，该法案在专门委员会讨论时就未通过，而在 2001 年 7 月重审时，赖安也未能促其通过。

于是这个问题被搁置了一段时间，直到多米尼加共和国于 2004 年春季发生了货币危机。与政治体制脆弱的海地（其总统刚刚被罢免）同在一个小岛上的多米尼加共和国，对伴随着政治、社会动乱而来的一飞冲天的通货膨胀很难承受。这次危机又燃起了其国会对美元化的兴趣。因此，布什政府中负责国际事务的财政部副部长约翰·泰勒（John Taylor）不得不对国会做出回答。泰勒在就萨尔瓦多和厄瓜多尔的美元化项目作证时说，这些项目“对这些国家的发展非常有益”，而如果多米尼加共和国选择了同样的方法，美国政府对这一方法“非常支持”，并保证给予技术援助。①

6.3.2 何处是前程？

货币一直是对外政策的工具之一——它不仅是影响某些个人的工具，

① 见 Kolbe（2004）。

更是影响整个社会的工具。

几百年来，想方设法使敌国的货币不稳定总是一个常用的武器。1470年，米兰大公加勒阿佐·斯弗扎（Galeazzo Sforza）伪造了威尼斯的货币，企图破坏敌国威尼斯的经济。英国在1775年伪造了美洲殖民地的货币，试图以此破坏北美的起义。在第二次世界大战中，德国伪造了数量惊人的、价值相当于今天70亿英镑的假英镑，企图破坏英国经济。就连美国也在1961年入侵猪湾（Bay of Pigs）时伪造过古巴的比索。[①]

一方面，使一国货币不稳定会动摇其政治和法律结构，削弱其维护国内秩序和安全以及应对外部威胁的能力。而另一方面，保持货币稳定的效果正相反，它可以促进社会团结、维护法制，并使对外政策可信和具有连续性。

但是，货币是否是在国内制造或管理的这个问题却一点也不重要。英国曾指派外国人加入其货币政策委员会——尽管该委员会的绝大多数人仍是英国人。法国政府则走得更远，它把全部的货币政策权力移交给了位于法兰克福的欧洲中央银行。欧洲中央银行由来自欧洲各地的独立人士负责运行，这些人都宣誓以欧元区12国的共同利益为行动原则。更重要的是，法国政府让出这一权力有着明确的政治动机，即加强法国的安全并提高法国在全球事务中的影响力。在中美洲，厄瓜多尔在2000年、萨尔瓦多在2001年放弃了在国内强制推行本国货币的权力，对在其境内流通的货币，它们甚至都没有提出要进行共同控制。而这种做法，巴拿马早在一个世纪前就这样做了。目前，危地马拉和尼加拉瓜也在认真地考虑这一选择。很显然，支持这一潮流也符合美国的国家利益。

在1999年4月萨默斯作证时提到的美元化诸多好处之中，“稳定”是其中含义最深刻的一条。外国的货币危机正逐渐影响到美国国内的生

---

① 见Altig（2002）。

活。美国的大型金融机构在发展中国家的外汇风险敞口很大，如对它们的资产负债表进行连续的猛烈冲击，则会引起美国国内经济的紧缩和偿付危机。而且，当发生货币危机时，贸易和投资的资金流都会被突然中断，这有害于投资和就业。另一方面，尽管美元化本身不会使敌人变成朋友，或是使冲突变成合作，但是消除货币危机从长期来看有助于防止其他国家的经济社会突然、可怕的崩溃，而崩溃会给美国带来安全威胁。所以，美国政治上的左派和右派在这点上应该团结起来，一起为把美元化融入全球化而努力。

《国际货币稳定法案》应再次被提交讨论。萨默斯在 2000 年 7 月的信中提到的担忧之处仍然存在。但是，在之前的 10 年中，盟国货币一次又一次的崩溃、美国一次又一次的救援所导致的真正的“政治、经济、对外政策和预算问题”才更值得担忧。干预使美国纳税人上百亿的美元处于直接风险之中，而那些用于防止违约风险的、从表面上看是强加的条件常常严重损害了美国与危机国家的关系。当然，出于国家安全方面的考虑，总统可以暂时中止返还铸币税收益，这可以而且应该被写进法案。但是，如果法案本身没有被通过，则只会诱使担心变成现实。

美国应在多大程度上做好准备，以便随时向已实行美元化的国家提供紧急贷款，这是一个争论尤其激烈的问题。已实行美元化的国家的政府无法对短期金融问题做出反应。比如，当银行的流动性不足时，这些国家不能通过印刷钞票来解决问题。所以，它们可能会要求得到美国在必要时给予援助的保证。

对美国而言，尽管保证提供大规模的、无抵押的紧急援助贷款因显得不谨慎而在政治上不可行，但是，明确地承认这一贷款符合国家利益，是唯一正当的、明智的解决问题的方法。毕竟，这其实并不比美国在过去盟国面对金融危机时所付出的更多。例如，当 1994 年墨西哥发生危机时，美国就动用了外汇平准基金里的 200 亿美元，美联储也动用了货币互换网络（swap network）。唯一的区别在于，将来在那些已实行美元化的国家里，随着贬值风险的消除，发生流动性危机的可能性和严重性都比现在要小。

6.3.3 美国美元政策的定位

主张“美元化可以稳定经济、消除货币危机、促进安全资本流动和减少反全球化的情绪”，这是建立在美国将追求长期的、有助于巩固美元作为国际价值储存手段的经济政策的基础上的。鲁宾不断地重复那句著名的话——“强势美元政策符合美国的利益”，以至于这可能成为了人们最耳熟能详的学术观点。

什么样的政策会让世界各地的人有信心认为美元是值得长期持有的资产呢？换言之，什么样的政策有助于保证美元维持与其他的价值储存手段（如欧元和黄金）的相对价值呢？

在宏观经济层面上，最重要的是控制国债的规模。持续的、大规模的政府财政赤字会引起经常账户赤字，一旦到了某一点，就将使外国美元资产持有人产生疑问，使他们对美国政府能够在不增税或引发通货膨胀（这两种做法都将有害于经济）的情况下偿还债务产生怀疑。那么，现在是否有值得担心的理由呢？

1985 年，当美国的经常账户赤字占 GDP 的比例达到 2.8% 的时候，外国政府持有 8.4% 的美国政府债券。到 2004 年，经常账户赤字占 GDP 的比例达到 5.7%，外国政府持有 27.6% 的美国政府债券（如图 3 所示）。这就是值得担心的地方——既是因为债券持有人更集中了，也是因为国家持有人相对而言更有可能出于非经济动机而采取行动。

让我们想一想美元资产更集中地被各国中央银行持有的风险。各国中央银行是一个有着很高羊群效应倾向的群体：20 世纪 90 年代，面对持续下跌的黄金价格，各国中央银行的反应都是大量抛售它们的黄金储备。具体而言，在 20 世纪 80 年代黄金价格从 615 美元/盎司跌至 381 美元/盎司的过程中，各国中央银行共净增持了 344 吨黄金。在 20 世纪 90 年代，黄

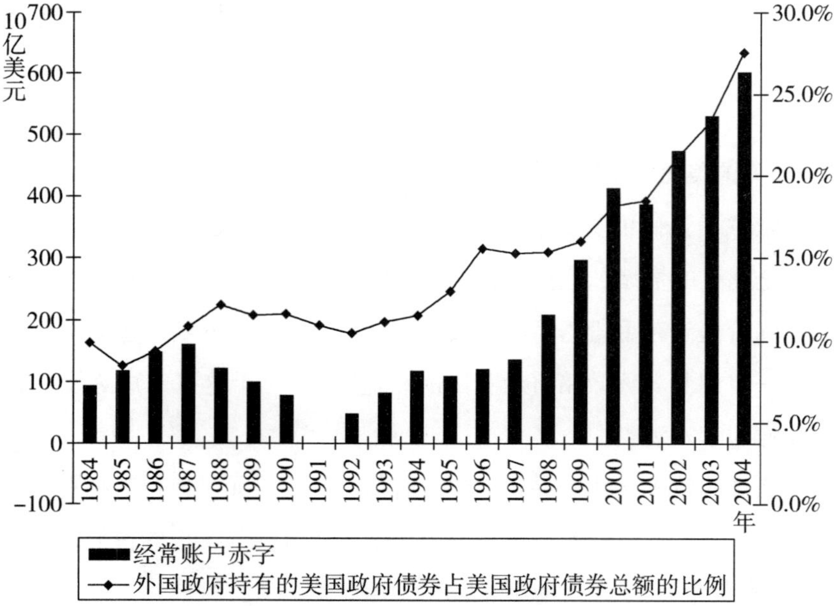

图 3　美国的经常账户赤字和外国政府持有的美国政府债券

资料来源　美国国会和财政部；IMF；经济分析局。①

金价格跌至 279 美元/盎司，各国中央银行共净减持了 3 148 吨黄金。仅 1992 年，中央银行的黄金卖出量就接近黄金年产量的 1/4，据估计这促使黄金价格下跌了 8.27%。在 21 世纪初的几年里，各国中央银行仍每年净出售 500 吨黄金。②

现在，美元已经完全取代黄金成为了世界货币体系的基础。但是，从 2000 年至 2004 年年底，美元对欧元的价值跌了 1/3，而欧元是仅次于美

① 关于外国政府持有的美国政府债券和美国发行在外的政府债券总金额的数据，使用的是年末（12 月）数据（1984—2003 年）。2004 年最新的数据（美国发行在外的政府债券总金额的数据为 2004 年 9 月数据，外国政府持有的美国政府债券为 2004 年 11 月数据）从美国财政部得到。经常账户数据采用的是 1984—2003 年的年末数据，2004 年的数据根据经济分析局的最新数据估计得到。估计值为从 2003 年第四季度起至 2004 年第三季度止连续四个季度的经常账户余额之和。

② 见 M. Murenbeeld & Associates, Inc. （2002）。

元的、最有可能成为国际货币体系基础的货币。如果美元继续贬值，在持续的巨额经常账户赤字压力下，各国中央银行非常有可能寻求储备多元化，而欧元最有可能成为储备货币。如同各国中央银行在20世纪90年代抛售黄金时所发生的情况一样，中央银行一起抛售美元会加速美元的下跌，从而威胁到美元作为世界计价标准的地位。事实上，在2004年年末，当有报道说中国和俄罗斯中央银行准备出售美元购买欧元和亚洲货币，而日本、韩国和印度也强烈暗示未来将减少对美国国债的购买时，这种可能性就很明显地表现了出来。[①]

进入2005年，布什政府对美元的下跌似乎不仅依然完全不担心，反而把下跌看成一种可以减少美国贸易赤字的自然而健康的调整机制。然而，最近的实证研究表明，美国的进口在很大程度上不受汇率变化的影响，这让人怀疑外汇市场能否医治美国长期增长的结构性贸易不平衡。[②]鉴于此，降低美国的财政赤字成为当务之急。目前的情况是，财政赤字引起了储蓄下降，而储蓄下降额中的1/3是靠海外资本流入弥补的。[③] 现在，美国每天引入的海外资本约20亿美元。试图增加私人储蓄的政策几十年来一直未获成功，所以唯一安全、有效和负责任地减少美国对外赤字的方法就是提高公共部门的储蓄，而这意味着要削减财政赤字。如果布什政府继续表现出对美元命运的漠不关心，这将损害美元作为绝佳的世界计价标准这一来之不易的地位，减弱美国在制定国际贸易准则方面的影响力，并将危害未来的美元化进程。

6.3.4 为什么“美洲国家的货币”[④] 不符合任何人的利益

在海外，美元化具有吸引力的原因是，美联储在过去的25年里为维

---

① 例如，见 Giles 和 Johnson（2004）；Andrews（2004）；Brooke 和 Bradsher（2004）。

② 例如，见 Chinn（2004）。

③ 例如，见 Rubin、Orszag 和 Sinai（2004）。

④ “美洲国家的货币”指南美洲价值不稳定的货币。——译者注

护美元价值的稳定做出的卓越努力，为美元赢得了良好的声誉。重新构建美联储的决策制定过程以将“其他因素”融入架构，这只会损害人们对美元体制的信心，而这种信心恰恰是决定是否实行美元化的关键因素。在将来的某个时刻，让外国人进入美联储的理事会议，使关于美元汇率稳定问题的讨论超越美国的边界，这在政治上和市场中也许都将是可以接受的。到那时，美元将在本质上变成某种形式的“世界欧元”。

现在的情况是，让人们对美联储关于低通货膨胀的承诺产生怀疑不符合任何人的利益，尤其当这一承诺在法律上并不十分巩固的时候。1978年的《充分就业及平衡增长法》（Full Employment and Balanced Growth Act），即《汉弗莱·霍金斯法案》（Humphrey-Hawkins Act）在法律上令人遗憾地让美联储维护物价稳定的专注度有所下降——该法案赋予了美联储“最大化就业”的新任务。今天，已经少有经济学家认为这是一个合理的任务目标，绝大多数经济学家都认为中央银行不应有保持低通货膨胀以外的其他任务。尽管保罗·沃尔克和艾伦·格林斯潘在这一问题上都是鹰派，都觉得可以不受“最大化就业”目标的束缚，但如果将来的美联储不能像他们在位时这样，而是在这个问题上摇摆不定，市场就会狠狠地惩罚美元。所以，一个明智的国会应该在美元日益国际化的形势下，立法支持美联储将稳定物价作为唯一的任务。

6.3.5 美元化的局限

作为一个经济问题，美元化肯定不可能对全世界而言都是最好的选择。有些国家使用少数几种国际贸易货币中的某一种（如欧元）作为储备货币，会很明显地既符合本国的经济利益，也符合贸易伙伴的经济利益。那么，美国应该如何最有效地推进美元化的进程呢？

为准确地回答这个问题，我们有必要先弄清美国自己的利益所在。很明显，用美元替代世界上其他货币在许多方面符合美国的利益，比如全球贸易和投资将大幅增长，而货币危机将不复存在。简言之，假设——就像经济学家们常做的那样——美国实行合理的货币政策，美国和世界都将更富裕，而且会在更长的时间里更富裕。另外，全球都用美国货币还会给美国带来无形的政治权力和威望。再假设美国实行了合理的对外政策，那么美元化最终还会使其他国家更愿意融入一个有规则的国际经济政治关系体，而这正是美国在第二次世界大战后一直努力想建立的体系。

显然，美元化不是注定要发生的事情。很自然地，世界上的许多地方都会有政治力量反对采用美元，美元化会遇到难以克服的政治阻力。而且在经济层面，贸易、投资和劳动力流动的模式也常常让其他货币更有优势。比如，中欧和东欧国家最合逻辑的选择肯定是欧元。

亚洲的情况比较复杂。从经济的标准来看，目前该地区的一些地方更适合使用日元。但是，中国经济的迅速崛起在长期内将改变这一情况。不过，亚洲的政治现实又使得该地区没有任何国家会放弃自己的货币而使用日元或是人民币。关于亚洲多国货币的创立，虽然看起来似乎还是 20 年以后的事情，但由于日本、中国和韩国三个国家在政治上取得了相互谅解，似乎又极有可能在短期内实现，尤其是在欧元成功进入它的青春期之时。亚洲多国货币的问题在诸如亚洲开发银行 2004 年年会等地区论坛上已经是一个主要话题。看起来，这种联盟可能会在东盟[①] 10 国内或在所谓的“10+3”体制（东盟加上中国、日本和韩国）内被创立起来。

即使在变化缓慢的中东，共同货币问题也已经成为最高层次会谈的新的公开话题。海湾国家合作理事会（Gulf Cooperation Council）这个包括了沙特阿拉伯、巴林、科威特、阿曼、卡塔尔和阿联酋在内的关税同盟组织，设想在 2010 年以前建立一个使用共同货币的货币联盟。尽管时间表有些野心勃勃，但是目标却被明确地写在了声明里。这表明这些国家已承认废除各国货币实行统一货币会带来好处。

---

① 东盟包括文莱、柬埔寨、印度尼西亚、老挝、马来西亚、缅甸、菲律宾、新加坡、泰国和越南。

既进取又务实的美国金融外交的目标是什么呢？在中美洲实现美元化，或者在更广的拉丁美洲范围内实现美元化，显然都是符合需要的。墨西哥在1998—1999年所做的一次民意调查表明，对美元化的支持率为80%～90%。加拿大总有一天也会加入美元集团（dollar bloc），而这将极大地促进北美自由贸易区经济的发展。加拿大超过80%的出口商品的目的地是美国，它与美国经济一体化程度比瑞士与欧洲经济一体化程度要高。事实上，没有任何一个欧元区国家对其他欧元区国家的出口比例高于加拿大对美国的出口比例。①

美元化不应是美国强行推销给其他国家的，各国政府将会明白，美元化既符合本国政府的经济利益，也符合本国人民的经济利益。如果华盛顿公开地进行说服工作，肯定会引起各国的反感。不过，如同2000年《国际货币稳定法案》所预想的那样，华盛顿将准备好提供技术援助和返还铸币税，这将有助于其他国家政府获得国内民众对美元化的支持。

在欧洲，欧元化延伸到（并可能最终越过）俄罗斯的边境线，可能会被某些人认为和美元化有冲突，但实际上欧元化对美元化起到的将只是补充作用。以欧元为基础的中东欧经济会更好，而它们的繁荣无论是在经济上还是在政治上都会对美国有好处。假设美国可以继续有效地控制通货膨胀，并且不让它目前无节制的财政支出彻底失去控制，欧元就不会对美元在国际货币体系中的统治地位构成威胁。所以，华盛顿对欧元化应该采取支持的态度。真正的大问题反而是布鲁塞尔是否也抱支持态度。

6.3.6 欧元化

美国官方对美元化的中立政策反映出的是美国财政部在国际货币问题上的政策惯性，这很不幸。然而，欧盟官方对欧元化的敌视态度反映出的

---

① 见Courchene和Harris（2003）。

却是在法国和德国主导下的欧洲一体化进程中有着某种近乎病态的排外心理。实际上，欧盟官员在这件事情上的立场是违背欧盟最热心支持者的利益的，而且很难想象还有别的什么事情比这件事情更违背支持者的利益。

尽管科索沃和黑山这两个非欧盟成员国已在既没有得到欧盟的帮助也没有受到欧盟实质阻力的情况下单方面实现了欧元化，欧盟部长理事会和欧盟委员会却均反复声明这种行为是它们所不希望看到的，更是不被允许的。根据欧盟部长理事会的一份文件，“通过‘欧元化’的方式单方面使用欧元是与《阿姆斯特丹条约》（Amsterdam Treaty）的根本经济理念相违背的。条约认为，最终使用欧元是在多边框架内的一整套结构一体化进程的终点。所以，单方面使用欧元不符合条约所预计的使用欧元的进程”。①

从经济学的角度看，这一声明不合逻辑；从法律的角度看，这一声明不够明确；从政治原则的角度看，这一声明是愚蠢的。

在解释为什么非欧元区国家不能单方面采用欧元时，欧盟委员会说：“欧元可信性的基础在于欧元区国家的经济基本面。这些国家全面参与相关机构制定货币政策的过程，并在经济政策方面相互协调。”② 然而既然非欧元区国家未参加政策的制定，那么它们使用欧元就不会破坏欧元的可信度。实际上，它们既不可能在实质上影响欧元的内在价值，也不可能在实质上影响欧元的外在价值——即使 2004 年 5 月新加入欧盟的国家的 GDP 加在一起，也只占欧元区国家 GDP 总和的 6%。③ 但是，与之形成鲜明对照的是，欧元化会给这些实行欧元化的国家带来很多好处。爱沙尼亚的情况就很能说明问题。爱沙尼亚从 1992 年起实行了以德国马克为基础的货币局制度，当马克被欧元取代时，该制度相应地变成了以欧元为基础

---

① 见欧盟经济和财政部长会议（2000）。

② 见欧盟委员会（2000）。

③ 见 Bratkowski 和 Rostowski（2001）。

的货币局制度。然而，当亚洲和俄罗斯发生金融危机时，投机者还是攻击了爱沙尼亚。这使得爱沙尼亚的利率在 1998 年从 8% 迅速上升到 19%，给经济造成了很大的危害。如果爱沙尼亚干脆完全实行了欧元化，这个情况就不会发生。[①]

欧盟委员会认为，从法律上讲，一国单方面实行欧元化，违反了《阿姆斯特丹条约》规定的使用欧元的合理程序。这个程序设想的是，一国用欧元代替本国货币必须要在欧元区管理机构的管理和配合下进行。而且，如果一国自己单方面实行了欧元化，那么到了该国被认为可以进入加入欧元区的最后一步程序（第三阶段）时，它就没有本国货币可以被欧元替代了。可是，告诉一国政府它不能取消本国货币，这显然不是任何欧盟机构有权做的事情。

当然，如果欧盟威胁将在政治和经济上进行报复，那么这是有可能在欧元化问题上吓阻一国政府的。但是，这样做就像去打一场已经打赢的战争。原因在于，在《马斯特里赫特条约》（Maastricht Treaty）中，在财政、通货膨胀和汇率方面设定了加入欧元区的标准，本来是为了保证一个新货币的市场可信度。然而，如同美元的国际化是对美元信任的表现而不是对美元的威胁一样，欧元的国际化在提高欧元的市场信任度这一问题上只会对欧盟有利。按欧元区的规定，一国每年的财政赤字最多不得超过该国 GDP 的 3%。但是，在 2003 年时法国和德国都无视该规定而自行其是，不过市场对此却并没有什么反应。这显然表明市场不担心欧洲中央银行会用通货膨胀的方法在事实上减少其成员国的债务。毫无疑问，在这种时候，使欧元在欧盟国家以外获得使用只会增加私人投资者和全球中央银行对欧元的信心。

我们认为，欧盟最终将会做正确的事情——至少在试遍了所有的选择

---

① 例如，见 Sulling（2002）。

之后。所以，欧盟的政治领导人认识到支持欧元化而不是反对欧元化才符合他们自身利益，这只是个时间问题。如果更多的国家使用欧元，那么所有使用欧元的国家之间的贸易和投资就会增加，欧元作为国际储备货币的地位就会上升，而且已使用欧元的欧盟成员国将来退出欧元区的可能性就会因此下降。另外，这也有助于建立持久的政治上的“欧洲身份”（European political identity）。毕竟，这是欧洲货币联盟背后的主要推动力量。

当那一天在欧洲到来的时候，土耳其应该是第一个受益者。欧盟通过技术援助和返还铸币税帮助土耳其实现欧元化，这将是一个具有里程碑意义的事件，它标志着欧洲在犹豫之后终于拥抱了它的穆斯林邻居。这将帮助土耳其实现持久的经济稳定，也将为世界最终实现安全的金融全球化打下一个良好的基础。

结语　金融外交的未来

“是否要将政治冲突带到国际资本市场上”这一论题，尽管20年来一直争论不休，但到目前为止倾向资本自由流动的总趋势已经逐渐明朗。发达国家以及越来越多的发展中国家的决策当局都认为，允许资本跨国自由流动利大于弊。在本书导论中所展示的国际收支平衡表清楚地显示了这一结论所带来的影响。自20世纪80年代中期以来，与传统商品和服务贸易相比，资本账户交易的增长要迅猛得多。迄今为止，没有任何国家的任何主要政治势力试图扭转这一趋势。不过，在美国，还是有两股力量在较劲：一股力量在努力加速资本自由流动的总体趋势，另一股力量出于政治目的在试图限制某些跨国资本流动。

金融外交不仅在经济上相当重要，在政治上也越来越重要。这是本书反复表达的观点。不过，对它在整个美国对外政策“武器库”中的前景的看法，本书的第一部分与第二部分是有差别的：对于金融外交的未来，在宏观上我们满怀信心，在微观上我们谨慎有加。这与我们认为“金融市场是推进繁荣的强大工具，但是这一工具在面对改变它的力量时也很容易发生改变——无论这一力量是好的还是坏的”的观点是一致的。一方面，我们相信，有许多根本性的改革可以而且应该被提上日程，以便让资本由北半球流向南半球如同从美国东海岸流向西海岸一样安全和有生产力。而且，如果不实行这些改革，就会有许多严重的后果。另一方面，我们也相信，借助银行和证券交易监管与海外邪恶力量（从恐怖主义到武器扩散，再到侵犯人权）作斗争的热情正日渐高涨，但这是一个应该被遏止的“萌芽”。那些正在不断涌现的经济斗士们既夸大了资金对对外政策目标的重要性，也夸大了我们对资金流动的控制能力。

这一结论的得出是建立在本书所做的前瞻性研究的基础之上的。这些研究涉及银行监管、证券交易和全球资本流动。

在过去的30年里，银行业日益国际化。而美国政府一方面试图推动这一进程，另一方面又试图在某些方面加以限制。自20世纪80年代早期一些发展中国家发生债务危机以来美国政府的一贯目标是，在限制美国的银行“过度放贷”的同时，帮助美国的银行应对来自外国银行的竞争(这些外国银行可能会过度放贷)。事实上，想让国际银行业在完全公平的环境中竞争是空想，因为各国政府都会继续寻求支持本国银行的方法。例如，法国和意大利就在继续推动建立本国的“超级大银行”，而同时又试图阻止外国银行收购本国银行。美国可以而且应该通过G10的巴塞尔委员会来做得更好。也就是说，美国可以通过市场的力量，迫使国际大银行在保持充足资本的情况下运营，使它们在不求助于可能引发道德风险的政府紧急救助的前提下，有能力消化巨大的市场冲击。迫使这些银行发行可靠的无担保附属债券（unsecured subordinated debt)，并根据这些债券的市场价格配合使用监管措施，这种做法比复杂的、银行可利用不同监管规则进行“套利”的巴塞尔协议（于1988年达成）要好得多。

阻止资本跨国流动，以打击贩毒活动、恐怖主义、武器扩散以及其他有损于美国国家利益的行为，这是一个异常复杂的任务。不幸但却又难以避免的是，这一任务带来的可见成果少得可怜。

事实上，为了取得一丁点的成功，美国就必须说服其他十几个国家，让它们在行动中和表态时都与美国一致，因为这些国家的金融机构是

（或可能成为）某些资金的流通渠道。如果这些国家配合得不充分，那么阻止资本跨国流动的措施就不只是无效的，甚至会起到反作用，导致原本可能在美国司法管辖范围之内发生的金融活动游离到美国司法管辖范围之外进行。实际上，由于不同发达国家的资本市场之间具有很强的相互替代性，以至于利用不同监管规则进行“套利”成为老练的市场参与者的本性之一。即使是出于最良好的动机所制定的监管措施，比如因安然事件和世通公司（WorldCom）舞弊案而制定的旨在改善公司治理的《萨班斯—奥克斯利法案》（Sarbanes-Oxley Act），所起到的实际效果仅是阻碍了筹资者在美国的证券交易所筹资。多边合作现已成为成功的先决条件，不是因为美国必须得到行动许可，而是因为在如今这个数字化的世界里，资本跨国流动事实上非常容易。美国与墨西哥的边防检查向来被认为是松松垮垮的，但若和资本跨国流动相比，它简直是密不透风了。虽然很需要国际合作，不过现在却没有强有力的、能够替代旧式外交的新式外交手段来促使他国与美国合作。

而且，要想通过金融市场控制那些行为动机并非由利润驱动的人是异常困难的，尤其在这些人的行动成本下降时更是如此。现在，在全球范围内，如何生产和使用常规武器、化学武器、生物武器和核武器的知识都比原来普及得多，恐怖分子可以想到的每一种可憎行为的成本都已大大下降。

目前，在华盛顿，有人充满激情地滥用“经济战争”（economic warfare）一词，暗示着美国在不造成人员损失的情况下只做出一点努力，就可以有效地惩罚敌人，而利用资本市场进行惩罚成为了这种高压式金融外交政策的核心。制定出来的方案常常相当复杂，比如，当公开声明的对外政策所针对的目标是犯有种族屠杀罪的苏丹政权时，而实际制裁的目标却是一家中国的石油公司。但是，到目前为止，无论是这些政府还是这些公司，都没有按照支持利用资本市场进行惩罚的人所期望的那样改变自己的行为方式。所以，现在是重新思考这些制裁在整个对外政策“武器库”

中所发挥的作用的时候了。事实上，即使是出于高尚的动机，使用“玩具枪”进行制裁，也会让担负要职的政策制定者和普通民众误入歧途。人们会以为美国正在干一件有意义的事，而实际上美国并没有。这种做法会损害美国在海外的外交信誉，还会因将金融活动引向美国司法管辖范围之外而导致相当大的经济损失。

在评估金融制裁有效性的时候，清楚地辨别出“使被制裁者受到经济损失的能力”、“影响被制裁者行为的能力”，以及“实现现实的对外政策目标的能力”是十分关键的。利用资本市场对俄天然气公司、中石油和加拿大塔里斯曼能源公司进行制裁的结果并不鼓舞人心。制裁给这些公司造成的经济损失很小，甚至可以忽略不计。而这些损害了美国利益的公司以及许多目睹了制裁行动的其他公司（比如卢克石油公司）从制裁中得出的教训是，最好在 SEC 的管辖范围之外募集国际资本。这可不是制裁的主张者希望这些公司得出的教训。他们希望这些公司得出的教训本应是，不要在被美国国会钦定为禁止进入的地方进行商业活动。所以，最后也是最重要的是，美国的对外政策目标没有得以实现。受到制裁的公司继续进行着那些曾导致制裁的商业活动，而位于制裁链末端的那些政府（在这里是伊朗政府和苏丹政府）并没有改变它们的政策。

这是否意味着针对非国家实体所进行的金融制裁永远也无法达到对外政策目标呢？虽然答案是否定的，但是其间的障碍却是难以跨越的。第一，美国必须以居住者为基础而不是以地理位置为基础实施控制。也就是说，必须禁止美国公民和公司向被制裁实体提供资金，而不是禁止该实体“在美国”进行筹资。事实上，一家被禁止在 NYSE 上市的公司可以在伦敦或者中国香港上市，然后就可轻而易举地获得美国的资本。有必要指出，如果美国投资者已经大量持有这些被制裁公司的股份，而一旦因为这种新的制裁战略被迫（尤其是在匆匆忙忙的情况下）出售这些股份，他们就将承受相当大的损失。第二，这一战略必须为相当多的拥有发达金融市场的国家（如英国、法国、德国、瑞士和日本）所效仿。同样有必要指出，在俄天然气公司和中石油的案例中，这种情况是不可想象的。这些国家中的任何一国都不会与美国合作。第三，假设这些制裁措施确实阻止了被制裁公司在受制裁国家进行商业活动，制裁要取得成功还有一个条件，即受制裁国政府找不到合适的替代公司。在俄天然气公司和中石油的案例中，许多公司都可以扮演它们所扮演的角色，而且可以在不必到美国募集资本的情况下做到这一点。第四，制裁要想取得成功，受制裁国家所追寻的目标的重要性必须达到它愿意向美国屈服而不是对美国的要求置之不理的程度。要想满足上述所有这些条件，对金融制裁而言实在是一个苛求了。

事实上，在人们激烈地争论“让资本不受限制地流入流出发展中国家是否明智”的时候，资本已经在大规模地流入流出了。要进行建设、投资，发展中国家的政府和企业就需要资本。而且，它们需要美元资本，这既是因为美元是在全世界范围内都被广泛接受的货币，也是因为对它们而言国外有比本国更充裕的资本（试想，如果由于限制资本在华盛顿州和美国其他地区之间流动，使得微软和亚马逊公司被限制在华盛顿州筹资，那会产生什么样的情况）。

但是，一国拥有大量的以美元计价的负债，而资产却是以在国外不被接受的本国货币计价的，这种情形很危险。在某一特定汇率下可管理的美元负债，在汇率出现不利于本国货币变动的情况下，也许很快就变成不可管理的了。甚至，在该国的美元负债额不是很大时，该国也会处于危险之中。而当一个发展中国家的银行业陷入困境时，这些国家的公民就会涌向美元，试图保护自己储蓄的价值。这时，政府是否保证公民存款的安全已经不重要了，因为公民们常常担心的是通货膨胀和货币贬值，而不是担心存款无法提取。于是，一场货币危机产生了——即使该国的金融困境与其货币本身没有什么直接关系。

有些国家试图禁止本国公民购买和持有美元，我们无法称这样的国家是“发展中”的。事实上，它们也往往并未处于发展中。而且，随着时间的推移，这样的国家会越来越少。所以，关于资本流向发展中国家这件事，唯一严肃的政治问题是，怎样才能让发展中国家在资本的自由流动中仍然安全。

有些国家，比如智利，已经在监管条例中规定，如果外国资本提供者迅速地抽回资本，则须缴付一定的税费。其他国家，比如韩国，已经建立起自己的美元储备。这两种战略都面临着极大的成本压力，而且两者都没有消除风险。由 IMF 和其他一些机构的经济学家提出的建议是，加强银行的风险管理和对银行的监管。但是，脆弱的银行业是危险的货币错配导致的结果，这正如它也是金融危机发生的原因一样。

从 20 世纪 80 年代早期的发展中国家的债务危机开始，资本流动作为一种经济现象开始引起政界的关注。此前，政治家们只关心贸易流，现在他们关心资本流的程度比当初关心贸易流的程度还要高。20 世纪 80 年代的债务危机标志着“经常账户时代”过渡到了“资本账户时代”。这一时期，资本流动在地缘政治上的重要性迅速上升。正如我们在第 4 章里看到的那样，海外的金融危机也给美国带来了安全问题。但是，美国的金融外交并未有效适应新形势的发展。

在克林顿总统的两届任期内，发生了墨西哥金融危机、亚洲金融危机和俄罗斯金融危机。这些危机告诉美国人，经济和对外政策如今是多么紧密地交织在一起。地缘经济学作为政策依据学说得以兴起，且变得越来越重要。这要求美国下一代的外交和安全政策分析师们有足够的经验和智力水平弄清经济和金融的市场力量是如何改变外交的。事实上，市场既限制了某些战略选择，又丰富了另一些战略选择。

想法和政策都需要改变。以下是一些必须重点关注的领域：

首先，在与一些国家就自由贸易进行谈判时，美国不应考虑本国金融界关于开放资本账户的要求，应停止要求谈判对方实行资本账户自由化。实际上，在时机不成熟的情况下实行资本账户自由化，对发展中国家而言一直以来都是一场灾难。强调要给予美国金融服务企业“国民待遇”是正确且合理的，但许多发展中国家在资本账户完全开放后并没有能力防止经济中出现危险的货币错配现象。未来的美国政府在面对外国政府和国内银行哭喊着要求上千亿美元的紧急援助时，可能会对他们的前任千辛万苦争取来的条件心生悔意。

其次，为了美国自己的长期利益，美国应该领导 G7 成员国共同努力将 IMF 的决策过程非政治化。事实上，无论是学术研究还是前 IMF 官员的声明都非常明确地表明，一旦美国的外交利益被牵扯进来，IMF 就根本没有能力让它的客户实施可避免将来需要进一步贷款的改革。[①] 尽管 IMF 对经济形势的评估还远远称不上完美，但是那些接受了大量援助贷款的政府如果不是因为知道美国政府官员可以对 IMF 提出的条件再作修改，IMF 提出的条件肯定将比现在可信和有效得多。

关闭 IMF 或是撤销其提供贷款的职能也都不会有任何益处。许多金融危机本来只是流动性危机，如果撤销了多边贷款机构，就有可能把流动性危机变成支付危机。而且，到时候要求 G7 重新创建贷款机构的政治压力会非常大，以至于我们只能重新建立 IMF，这只是将该机构换一个名称而已。真正需要的关键改革（IMF 需公开声明该政策）是禁止发放政治性贷款，以及禁止发放 IMF 人员所做的经济分析不支持的贷款。

不过，就长期而言，解决办法是“将大家不需要的货币消灭掉”。由于整个世界在经济和金融上越来越紧密地联系在一起，因此一国拥有主权货币不仅越来越没有用处，而且越来越成为不稳定的因素。崩溃的货币会带来贫穷、恐惧、愤怒和不安全。各国货币成为了全球化的“阿喀琉斯

---

① 一份关于 IMF 贷款的研究报告（其篇幅相当于一本书）总结道：“一旦美国的外交利益被更多地牵扯进来，比如在俄罗斯……IMF 就无法令人信服地推动其签订‘贷款换政策’的条约。”（Stone，2002）最近，IMF 的一位前高官的说法也支持了这一观点。据该高官称，“在 G7 帮助 IMF 在俄罗斯确立重要地位的同时，它们在政治上和双边关系中的利益削弱了 IMF 的影响”，而且美国“有效地决定了（G7）的共同立场”（《金融时报》援引 John Odling-Smee 的说法，见 Jack，2004）。

之踵”。亚洲、俄罗斯和拉丁美洲的货币危机不仅让这些国家遭受了巨额损失，而且造成并加剧了对美国的安全威胁。

最近，厄瓜多尔和萨尔瓦多单方面实行了美元化，科索沃和黑山也“自行”加入了欧元区，这些都是全球范围内去本国货币运动的前兆。这些拉美和巴尔干半岛国家放弃本国货币只是长期以来各国人民的一种最正常不过的做法：用可以信赖的外国货币储蓄、以该种货币签订合同，并以该种货币计价。在美国国境之外推行美元化是非常符合美国利益的行为，美国需要重新启动第106届国会曾做过的、旨在推动美元化的努力。更为紧迫的是，美国应停止实施目前这种无节制的财政政策，并不再对美元的前途漠不关心。如果布什政府不能令人信服地、坚决地改变令人担心的长期预算赤字政策，全球将失去对美元作为价值储存手段的信心，美元化进程可能会戛然而止。鉴于目前无论是欧元还是别的货币都还无法替代美元的地位，美元化的戛然而止将会更加让人担忧。美元化的失败不仅意味着巩固货币进程的失败，更意味着将来会有更多的危机和更多的反全球化的思潮。马丁·沃尔夫（Martin Wolf）一针见血地指出：“这个世界需要更多的全球化，而不是更少。”①

一个开明的美国金融外交将永远与上述原则并行不悖。美国的安全与长期繁荣的、自由的、有规则的、各国人民渴望依附的国际经济政治秩序密不可分。鉴于数字时代中的金钱和安全的本质，金融市场是这一秩序中异常重要的一部分。市场适应着各国规则，也利用各国规则进行“套利”。而且，套利的方法和速度常常是政策制定者们所不能完全预料和评估的。我们写作本书的目的就是让这一评估工作做得更好，以使未来的金融外交能够更加明智和更加有效。

① 见 Wolf（2004：320）。

参考文献

Agence France Presse. "Gazprom to Invest Over $600 Million in Iran Gas Project." November 25,1997.

Alden, Edward. "US Legislators Want Markets to Sway Sudan." Financial Times, November 2,2000.

——. "SEC Chief Inherits Disclosure Bombshell." Financial Times, May 11,2001.

Allen, Franklin, and Douglas Gale. "Liquidity, Asset Prices and Systemic Risk." In Proceedings of the 3rd Central Bank Conference on Risk Measurement and Systemic Risk, Bank for International Settlements, 2002.

Altig, David E. "Why Is Stable Money Such a Big Deal?" May 1, Federal Reserve Bank of Cleveland. Available at: http://www.clevelandfed.org/research/Com2002/0501.pdf, 2002.

Andrews, Edmund L. "Foreign Interest Appears to Flag as Dollar Falls." New York Times, November 27,2004.

Antinolfi, Gaetano, and Todd Keister. "Dollarization as a Monetary Arrangement for Emerging Market Economies." In Federal Reserve Bank of St. Louis Review, November/December, Federal Reserve Bank of St. Louis, 2001.

Atinc, Tamar Manuelyan, and Michael Walton. "Social Consequences of the East Asian Financial Crisis." World Bank. Available at: http://www.worldbank.org/

eapsocial/library/socconsq/eacrisis2. pdf,1998.

Baldwin, David Allen. Economic Statecraft. Princeton: Princeton University Press,1985.

Balz,Dan. "U. S. Eases Stand on Cuba, Iran Sanctions; Helms Condemns, Europe Hails Move." Washington Post,May 19,1998.

Barro,Robert. "Let the Dollar Reign from Seattle to Santiago." Wall Street Journal, March 8,1999.

Baumol,William. "The Red Queen Game." Unpublished manuscript,2003.

BBC. "Gas Company Cancels Credit Accord with US Bank." BBC Summary of World Broadcasts,December 22,1997.

BBC News. "Indonesia: Why Ethnic Chinese are Afraid." February 12, BBC News,1998.

Benston,George,and George Kauffman. "Regulating Financial Services." In William S. Haraf and Rose Marie Kushmeider, eds. , Restructuring Banking and Financial Services in America. American Enterprise Institute,1988.

Berg, Andrew, and Eduardo R. Borensztein. "The Pros and Cons of Full Dollarization." In Dominick Salvatore, James W. Dean, and Thomas D. Willett, eds. , The Dollarization Debate, pp. 72 – 101. New York: Oxford University Press,2003.

Blank,Stephen J. "East Asia in Crisis:The Security Implications of the Collapse of Economic Institutions." February 5,Strategic Studies Institute Monograph,1999.

Blustein,Paul. The Chastening: Inside the Crisis That Rocked the Global Financial System and Humbled the IMF. Public Affairs,2003.

Bordo,Michael D. The Gold Standard and Related Regimes: Collected Essays. New York:Cambridge University Press,1999.

Brandon,John J. "High-Seas Piracy is Booming. It's Time to Fight Harder." Christian Science Monitor,December 27,2000.

Bratkowski, Andrzej, and Jacek Rostowski. "The EU Attitude to Unilateral Euroization: Misundertandings, Real Concerns and Ill-Designed Admission

Criteria. " January, CASE Institute Working Paper, Warsaw and Central European University, 2001.

Brooke, James, and Keith Bradsher. " Dollar's Fall Tests Nerve of Asia's Central Bankers. " New York Times, December 4, 2004.

Bulkeley, Jennifer C. " Regional Cooperation on Maritime Piracy: A Prelude to Greater Multilateralism in Asia. " Journal of Public and International Affairs 14 (Spring 2003).

Bunn, Matthew. " Loose Nukes Fears: Anecdotes of the Current Crisis. " PBS Frontline, December 5. Available at: http://www. pbs. org/wgbh/pages/frontline/shows/russia/readings/fears. html, 1998.

Bureau for International Narcotics and Law Enforcement Affairs. International Narcotics Control Strategy Report. March, U. S. Department of State. Available at: http://www. hri. org/docs/USSD-INCSR/95/Financial/ Chapter11. html, 1996.

Burger, John D. , and Francis E. Warnock. " Diversification, Original Sin, and International Bond Portfolios. " Board of Governors of the Federal Reserve System, 2002.

Burns, Arthur F. " The Need for Order in International Finance. " Address before Columbia Graduate School of Business. Available at: http://www. rich. frb. org/pubs/economic _ review/pdfs/er630403. pdf, 1977.

Burns, Judith. " SEC to Review Corporate Ties with Rogue States. " February 9, Associated Press, 2004.

Burtless, Gary, Robert Z. Lawrence, Progressive Policy Institute, Twentieth Century Fund. Globaphobia: Confronting Fears About Open Trade. Washington: Brookings Institution Press, 1998.

Buszynski, Leszek. " The Impact of the Asian Financial Crisis on Southeast Asia. " IUJ Research Institute Working Paper, Asia Pacific Series 14, 1999.

Calgary Herald, " Talisman Will Be Missed: Calgary Company Exercised Moderating Influence on Sudan Regime. " Calgary Herald, June 30, 2001.

Calvo, Guillermo A. , and Carmen M. Reinhart. " Fear of Floating. " NBER Working

Paper No. 7993,2000a.

——. "Reflections on Dollarization." In Alberto Alesina and Robert J. Barro, eds., Currency Unions, June 16, pp. 39–48. Stanford: Hoover Institution Press, 2000b.

Campbell, Joseph, and Bill Moyers. The Power of Myth. New York: Anchor, 1991.

Caprio, Gerard, and Patrick Honohan. Finance for Growth: Policy Choices in a Volatile World. World Bank and New York: Oxford University Press, 2001.

Cattaneo, Claudia. "Talisman Raises £ 250M: Denies It Went to Europe to Avoid Sudan Controversy." Financial Post, April 6, 2002.

Chalk, Peter. "Threats to the Maritime Environment: Piracy and Terrorism." SeaCurity Conference Presentation, Ispra, Italy, October 28–30, 2002.

Chang, Roberto, and Velasco, Andres. "Financial Fragility and the Exchange Rate Regime." Journal of Economic Theory 92(2000): 1–34.

Chernoff, Joel. "Report's Aftermath: Public Plans at Odds over a 'Messy' Issue; Some Want to Investigate if Stocks They Own Have Ties to Terrorism." Pensions and Investments, April 5, 2004.

Chinn, Menzie D. "Incomes, Exchange Rates and the US Trade Deficit, Once Again." International Finance 7(2004): 3.

Clamor, Concepcion B. "Terrorism and Southeast Asia: A Philippine Perspective." May, Asia-Pacific Area Network. Available at: http://www.apan-info.net/partners/uploads/Terrorism%20and%20Southeast%20Asia.pdf, 2002.

Clinton, William J. "State of the Union Address." January 27, 1998.

Cohen, Adam. "Banking on Secrecy." Time, October 22, 2001.

Cohen, Benjamin J. Banks and the Balance of Payments: Private Lending in the International Adjustment Process. Lanham, Md.: Rowman and Littlefield, 1981.

——. In Whose Interest? Council on Foreign Relations and New Haven: Yale University Press, 1986.

——, ed. American Foreign Economic Policy: Essays and Comments. New York: Harper and Row, 1968.

Collins, Joseph J., and Gabrielle D. Bowdoin. Beyond Unilateral Economic Sanctions:

Better Alternatives for U. S. Foreign Policy. Center for Strategic and International Studies,1999.

Cooper,Richard N. ,and Jane Little. "Competition and Opportunity. "Federal Reserve Bank of Boston Regional Review,Third Quarter,pp. 16-23,2001.

Corden, W. Max. Too Sensational: On the Choice of Exchange Rate Regimes. Cambridge:MIT Press,2002.

Corzine,Robert,and John Thornhill. "Gazprom to Add $3bn Borrowing to Bridge Loan. "Financial Times,November 4,1997.

Cossa,Ralph A. "Security Implications of Conflict in the South China Sea:Exploring Potential Triggers of Conflict. "Pacific Forum CSIS Special Report,March,Pacific Forum CSIS,1998.

Courchene, Thomas J. , and Richard G. Harris. " North American Currency Integration:A Canadian Perspective. "In Dominick Salvatore,James W. Dean,and Thomas D. Willett,eds. , The Dollarization Debate. New York: Oxford University Press,2003.

Cronin,Richard P. "Asian Financial Crisis:An Analysis of U. S. Foreign Policy Interests and Options. "January 28,CRS Report for Congress,1999.

CSCAP. "Report of the 5th Meeting of the Council for Security Cooperation in the Asia Pacific Working Group on Transnational Crime. " May 23 - 25, Council for Security Cooperation in the Asia Pacific,1999.

Dalton,Toby. "U. S. Programs Face Growing Russian Threat. "Proliferation Brief 2, no. 4(March 4). Carnegie Endowment for International Peace,1999.

De Nicolo, Gianni, Patrick Honohan, and Alain Ize. " Dollarization of the Banking System:Good or Bad?"World Bank Policy Research Working Paper 3116,2003.

Department of the Treasury. " Terrorist Assets Report, Calendar Year 2002. " U. S. Department of the Treasury,2003.

Diamond,Stephen F. "The PetroChina Syndrome:Regulating Capital Markets in the Anti-Globalization Era. "Cornell Law School Working Papers Series,2003.

Dillon,Dana R. " Piracy in Asia: A Growing Barrier to Maritime Trade. " June 22,

Heritage Foundation, Backgrounder #1379, 2000.

Dinc, Serdar, and Patrick McGuire. "Did Investors Regard Real Estate as 'Safe' during the 'Japanese Bubble' in the 1980s?" Paper presented at a conference on the Japanese economy in Tokyo jointly organized by the NBER, CEPR, CIRJE, and EIJS, September 19–20, 2003.

Donaldson, William H. "Statement of William H. Donaldson, Chairman, U. S. Securities and Exchange Commission before the Subcommittee on Commerce, Justice, State and the Judiciary Committee on House Appropriations." March 31, Federal Document Clearing House Congressional Testimony, 2004.

Dornbusch, Rudiger. "Fewer Monies, Better Monies." Available at: http://web. mit. edu/rudi/www/media/PDFs/FewerMonies. pdf, 2000.

Dornbusch, Rudiger, Robert Litan, and Michael Mussa. "Panel on the Future for International Financial Institutions." In Susan M. Collins and Robert Z. Lawrence, eds., Brookings Trade Forum, *1999*. Washington: Brookings Institution, 1999.

Drazen, Allen. "Central Bank Independence, Democracy, and Dollarization." Journal of Applied Economics 5, no. 1 (2002): 1–17.

Duffy, Michael, and Douglas Waller. "Is Rumsfeld Losing His Mojo? Facing Persistent Enemy Attacks in Iraq, the Defense Secretary Now Finds Himself Fighting Battles at Home Too." Time Magazine, November 3, 2003.

ECOFIN. "Exchange-Rate Strategies for Accession Countries—Council Conclusions." November 7, ECOFIN, Press Release 12925/00, 2000.

The Economist. "A Remedy for Financial Turbulence?" The Economist, April 17, 2004.

Edwards, Sebastian, and I. Igal Magendzo. "Dollarization and Economic Performance: What Do We Really Know?" International Journal of Finance and Economics 8 (2003): 351–63.

Eichengreen, Barry. "Capital Account Liberalization: What Do the Cross-Country Studies Tell Us?" Available at: http://emlab. berkeley. edu/users/eichengr/

research/bourgignonpaper6. pdf,2001.

Eichengreen, Barry, and Ricardo Hausmann. "Exchange Rates and Financial Fragility." NBER Working Paper 7418. Available at: http://papers. nber. org/papers/w7418,1999.

Eichengreen,Barry,Ricardo Hausmann,and Ugo Panizza. "Original Sin:The Pain,the Mystery,and the Road to Redemption." Prepared for Currency and Maturity Mismatching conference,Inter-American Development Bank,November 21–22,2002.

——. "The Pain of Original Sin." Available at: http://emlab. berkeley. edu/users/eichengr/research. html,2003.

Eisenberg,Daniel,and Timothy J. Burger. "What We Know Now:TIME's Guide to the New Revelations about How Sept. 11 Happened." Time Magazine, June 28,2004.

Elliot, Kimberly Ann, Jeffrey J. Schott, Gary Clyde Hufbauer, and Barbara Oegg. Economic Sanctions Reconsidered, 3d ed. Institute for International Economics,Forthcoming.

Estrella,Arturo. "The Cyclical Behavior of Optimal Bank Capital." Journal of Banking and Finance 28,no. 6(2004):1469–98.

European Commission. "Exchange Rate Strategies for EU Candidate Countries (Note for the Economic and Financial Committee)." August 22,European Commission, ECFIN/521/2000-EN,2000.

Euroweek. "Gazprom Clarifies Plans for $3 Bn Autumn Bond Financing Bonanza." Euroweek,August 8,1997.

Faiola,Anthony. "Economic Crisis Spurs Anger." May 19,Washington Post Foreign Service,2002.

Fatás,Antonio,and Ilian Mihov. "The Case for Restricting Fiscal Policy Discretion." CEPR Discussion Paper 3277,2002.

Federal Research Division of the Library of Congress. "Nations Hospitable to Organized Crime and Terrorism." October,Library of Congress,2003.

Financial Action Task Force on Money Laundering. "The Forty Recommendations."

June 20. Available at: http://www. fatf-gafi. org/dataoecd/38/47/34030579. pdf,2003.

FINCEN,"The SAR Activity Review:Trends,Tips & Issues. "October 2000.

Fischer,Stanley. "On the Need for an International Lender of Last Resort. "Journal of Economic Perspectives 13(Fall 1999):85-104.

Flanagan,Stephen J. ,Ellen J. Frost,and Richard L. Kugler. Challenges of the Global Century: Report of the Project on Globalization and National Security. June, National Defense University,2001.

Flynn,Stephen. America the Vulnerable: How Our Government Is Failing to Protect Us from Terrorism. New York:HarperCollins,2004.

Frankel,Jeffrey A. ,and Andrew K. Rose. "Estimating the Effects of Currency Unions on Trade and Output. "NBER Working Paper no. 7857,2000.

Frost, Frank, Ann Rann, and Andrew Chin. " Terrorism in Southeast Asia. " Parliamentary Library, Parliament of Australia. Available at: http:// www. aph. gov. au/library/intguide/FAD/sea. htm,April 11,2003.

Furfine, Craig. " Bank Portfolio Allocation: The Impact of Capital Requirements, Regulatory Monitoring and Economic Conditions. " Journal of Financial Services Research 20,no. 1(1999):33-56.

Furman,J. ,Stiglitz,J. E. "Economic Crises:Evidence and Insights from East Asia. " Brookings Papers on Economic Activity(2),1-135,1998.

Gaffney,Frank Jr. "Marker Transparency at Work. "Washington Times,July 3,2001.

Gallego, Francisco A. , and F. Leonardo Hernández. " Microeconomic Effects of Capital Controls:The Chilean Experience During the 1990s. "Central Bank of Chile Working Paper 203. Available at: http://www. bcentral. cl/esp/estpub/estudios/ dtbc/pdf/dtbc203. pdf,2003.

Galvis, Sergio. " Sovereign Debt Restructurings—The Market Knows Best. " International Finance 6,no. 1(2003).

Gavin,Michael. "Prepared Testimony of Dr. Michael Gavin. "July 15,Senate Banking Committee. Available at: http://banking. senate. gov/99 _ 07hrg/071599/

gavin. htm,1999.

Giles,Chris,and Steve Johnson. "Dollar Down as Moscow Trails Case for Euro." Financial Times,November 24,2004.

Global Organized Crime Project of the Center for Strategic and International Studies. "Russian Organized Crime." Center for Strategic and International Srudies,2000.

Goldstein, Morris, and Philip Turner. Controlling Currency Mismatches in Emerging Markets. Washington: Institute for International Economics,2004.

Grant,James. "Day of Reckoning? Foreign Borrowers May Have Trouble Repaying Their Debts." Barron's,January 7,1980.

Gray, Dale. "Assessment of Corporate Sector Value and Vulnerability: Links to Exchange Rate Crises and Financial Crises." World Bank Technical Paper no. 455,1999.

Greenberg, Maurice R., William F. Wechsler, Lee S. Wolosky, Council on Foreign Relations, and United States General Accounting Office. Terrorist Financing: Independent Task Force. Washington: Council on Foreign Relations Press,2002.

Greider, William F. Secrets of the Temple. New York: Touchstone,1987.

Haass, Richard N., and Meghan O'Sullivan, eds. Honey and Vinegar: Incentives, Sanctions and Foreign Policy. Washington: Brookings Institution Press,2000.

Haass, Richard N., ed. Economic Sanctions and American Diplomacy. Washington: Brookings Institution Press,1998.

Hall, Brian J. "How Has the Basle Accord Affected Bank Portfolios?" June, Harvard Institute of Economic Research Discussion Paper no. 1642,1993.

Hansard, Sara. "Environmental-Risk Question Looms: Would Lawsuits Result from More Disclosure?" Investment News, April 26,2004.

Hausmann, Ricardo. "Should There Be Five Currencies or One Hundred and Five?" Foreign Policy 116(1999):65–79.

Hausmann, Ricardo, Michael Gavin, Carmen Pages-Serra, and Ernesto Stein. "Financial Turmoil and the Choice of Exchange Rate Regime." IADB Working Paper no. 400,1999.

Hayek, F. A. Law, Legislation and Liberty. Volume 2, The Mirage of Social Justice. London:Routledge and Kegan Paul,1976.

Hill,Charles. "Commissionism. "Wall Street Journal,July 23,2004.

Hill,James T. "Statement by General James T. Hill United States Army Commander, United States Southern Command. "March 12,Federal Document Clearing House Congressional Testimony,2003.

Hiltzik,Michael A. , and Lee Romney. "Experts Dispute Report's Claim on China Fronts. "Los Angeles Times,May 27,1999.

Hinds, Manuel. "Globalization, Dollarization and Country Risks in Developing Countries:The Case of El Salvador. "Mimeo,2003.

Hoffman,David. "Russian Nuclear Security Called Lax:Easy Access to Fuel,Failure to Pay Wages Alarm U. S. Experts. "Washington Post,November 27,1998.

Hufbauer,Gary Clyde,Jeffrey J. Schott,and Kimberly Ann Elliott. Eonomic Sanctions Reconsidered,2d ed. Institute for International Economics,1990.

Interfax News Agency. "International Consortium Completes $2 Billion Complex at South Pars Field in Iran. "Interfax News Agency News Bulletin,July 5,2004.

International Monetary Fund. "Selected Issues in Emerging Markets Financial Systems. "Global Financial Stability Report,International Monetary Fund,2000.

Jack,Andrew. "G7 'Interfered in IMF Bid to Push through Russia Reform. '" Financial Times,October 4,2004.

Jawar Hassan, Mohamed. "Post-Crisis Asian Views of the West: Mounting Apprehensions. " PacNet Newsletter, no. 46 (November 24), Pacific Forum CSIS,1999.

Jeanne, Olivier. "Why Do Emerging Economies Borrow in Foreign Cureency?" Prepared for Currency and Maturity Matchmaking:Redeeming Debt from Original Sin conference,Inter-American Development Bank,November 21–22,2002.

Johnson,Chalmers. "In Search of a New Cold War. "Bulletin of the Atomic Scientists 55,no. 5(September/October 1999):44–51.

Joint Economic Committee Staff. "Basics of Dollarization. " Available at: http://

users. erols. com/kurrency/basicsup. htm,2000.

Karey,Gerald. "D'Amato Jubilant over Gazprom's Bond Cancellation. "Platts Oilgram News,November 12,1997.

Kerin,John. "US Aims at Terror Schools. "Australian Weekender,October 4,2003.

Khan,Mohsin,Abdelhak Senhadji,and Bruce Smith. "Inflation and Financial Depth. " IMF Working Paper no. 01/44,2001.

Kiyotaki,Nobuhiro,Kiminori Matsuyama,and Akihiko Matsui. "Toward a Theory of International Currency. "Hoover Institution,e-92-6,1992.

Kolbe, Jim. "Hearing of the Foreign Operations, Export Financing and Related Programs Subcommittee of the House Appropriations Committee. " May 20, Federal News Service,2004.

Kontogeorgopoulos, Nick. "The Human Face o f the Asian Crisis. "The IPE of the Asian Crisis, August 12, University of Puget Sound. Available at: http://www. ups. edu/ipe/asiacrisis/,1999.

Korea Times. "Will Anti-Americanism Resurface?"Korea Times,November 20,1998.

KPMG International. Global Anti-Money Laundering Survey *2004*: How Banks are Facing up to the Challenge. KPMG International,2004.

Kreisler, Harry. "Laura D'Andrea Tyson Interview. " Conversations with History, January 14. Available at: http://globetrotte. berkeley. edu/conversations/Tyson/tyson-con7. html,1998.

Krueger,Alan B. ,and David D. Laitin. "'Misunderestimating' Terrorism. " Foreign Affairs(September/October 2004):8-13.

Laksamana. net. "Indonesia's Hybrid Al-Qaeda?" February 4, Laksamana. net. Available at: http://www. laksamana. net/vnews. cfm?ncat = 19&news_id = 1961,2002.

Landler,Mark. "China's Oil Company Goes Public with Whimper. "New York Times, April 8,2000.

Lasswell, Harold D. Politics: Who Gets What, When, How. New York: Meridian Books,1958.

Leblang, David. " Domestic and Systemic Determinants of Capital Controls. " International Studies Quarterly 41(1997):435–54.

Levine, Samantha. " Spinning Terror's Rolodex. " U. S. News and World Report, February 2,2004.

Lin, Ho Swee. " Poor Investor Response Forces China to Delay Two Listings. " Financial Times, April 1,2000.

——. " Investors Tread Warily in China Oilfields. " Financial Times, December 23,1999.

Little-Gill, Gavin. "What Will USA Patriot Act CIP Requirements Cost Mutual Funds? Upwards of $13 per New Relationship. "TowerGroup,2003.

Luce, Edward. " Emerging Market Borrowers Move to Loans. " Financial Times, November 17,1997.

Lugar, Richard G. " Prepared Statement of Senator Richard G. Lugar before the Senate Armed Services Committee, Emerging Threats Subcommittee. "March 23, Federal News Service,1999.

M. Murenbeeld & Associates, Inc. "An Analysis of Central Bank Gold Sales and Its Impact on the Gold Mining Industry in Canada. " May. Available at: http://www. nrcan. gc. ca/mms/mmc/2002/rmf. pdf,2002.

Martin, David B. H. "Memo to SEC Acting Chairman Laura Unger. "May 8,2001.

Martinez, Lorenza, and Alejandro Werner. " The Exchange Rate Regime and the Currency Composition of Corporate Debt: The Mexican Experience. "Prepared for Inter-American Seminar on Economics conference, NBER, July 20–21,2001.

May, M. M. ,ed. "The Cox Committee Report: An Assessment. "December, Center for International Security and Cooperation, Stanford University,1999.

Meirelles Passos, Jose. " The Shadow of Bin Laden in Latin America. " O Globo, October 29, Rio de Janeiro,2001.

Mill, John Stuart. Principles of Political Economy. London: Macmillan,1894.

Milverton, Damian. "IMF Official Cites Benefits of Dollarization. "Wall Street Journal, May 17,2000.

Mishkin, Frederic S. "Lessons from the Asian Crisis." Journal of International Money and Finance 18(1999):709–23.

Moreno-Villalaz, Juan Luis. "Cost of Using the Dollar as Currency." Mimeo. Available at :http://www. sinfo. net/juanluis moreno, 1998.

Mulvenon, James. "Chinese Military Commerce and U. S. National Security." June, RAND Center for Asia-Pacific Policy Working Paper, 1997.

Mundell, Robert. "Currency Areas, Exchange Rate Systems, and International Monetary Reform." In Dominick Salvatore, James W. Dean, and Thomas Willett, eds. , The Dollarization Debate. New York: Oxford University Press, 2003.

Munter, Paivi, and Stefan Wagstyl. "Central Bank Acts to Prevent Financial Crisis." Financial Times, December 1, 2004.

National Commission on Terrorist Attacks. The *9/11* Commission Report: Final Report of the National Commission on Terrorist Attacks Upon the United Sates. New York: W. W. Norton, 2004.

Nuclear Threat Initiative. "The Threat: Anecdotes of Nuclear Insecurity." Nuclear Threat Initiative. Available at: http://www. nti. org/e_research/cnwm/threat/anecdote. asp?print=true, 2003.

O Estado de São Paulo. "Terrorist Khalid Sheikh Mohammed's Passage Through Brazil Reported." O Estado de São Paulo, March 9, 2003.

Obstfeld, Maurice, and Alan M. Taylor. "The Great Depression as a Watershed: International Capital Mobility over the Long Run." In Michael D. Bordo, Claudia Goldin, and Eugene N. White, eds. , The Defining Moment: The Great Depression and the American Economy in the Twentieth Century. Chicago: University of Chicago Press, 1998.

Office of National Drug Control Policy. "National Drug Control Strategy: FY 2005 Budget Summary." Available at: http://www. whitehousedrug policy. gov/publications/policy/budgetsum04/index. html, 2004.

Oil and Gas Journal. "U. S. Waives Sanctions on South Pars Field." Oil and Gas Journal, May 25, 1998.

Organization of American States. "High Quality Economic Policy Vital to Handling Region's Crisis." Organization of American States. Available at: http://www.oas.org/OASpage/press_releases/press_release.asp?sCodigo=E-113/02,2002.

O'Sullivan, Meghan L. Shrewd Sanctions: Statecraft and State Sponsors of Terrorism. Washington: Brookings Institution Press, 2003.

Panizza, Ugo, Ernesto Stein, and Ernesto Talvi. "Measuring Costs and Benefits of Dollarization: An Application to Central American and Caribbean Countries." In Eduardo Levy Yeyati and Federico Sturzenegger, eds., Dollarization: Debates and Policy Alternatives. Cambridge: MIT Press, 2003.

Pastor, Robert A. Congress and the Politics of U.S. Foreign Economic Policy, *1929–1976*. Berkeley: University of California Press, 1980.

Pavey, Nigel. "Gazprom's Stunning Loan Debut." Euromoney, May 1997.

Peek, Joe. "Japanese Banking Problems: Implications for Lending in the United States." New England Economic Review (January-February 1999).

Pener, Adam. "Capital Markets Transparency and Security: The Nexus Between U.S.-China Security Relations and America's Capital Markets." William J. Casey Institute of the Center for Security Policy, 2001.

Perry, George L. "Policy Alternatives for 1974." Brookings Papers on Economic Activity 1, 1975.

Petroleum Intelligence Weekly. "CNPC Is Chinese Oil Firm to Watch." Petroleum Intelligence Weekly, February 11, 2004.

Piga, Gustavo. "Derivatives and Public Debt Management." International Securities Market Association, 2001.

Pillar, Paul R. Terrorism and U.S. Foreign Policy. Washington: Brookings Institution Press, 1993.

Progressive Policy Institute. "Piracy Rates Are Rising." PPI Trade Fact of the Week. Progressive Policy Institute, 2004.

Reinhart, Carmen M., Kenneth S. Rogoff, and Miguel A. Savastano. "Debt

Intolerance." In William Brainard and George Perry, eds., Brookings Papers on Economic Activity 1 (2003): 1–74. Washington: Brookings Institution Press, 2003a.

——. "Addicted to Dollars." NBER Working Paper no. 10015, 2003b.

Repetto, Robert, Andrew MacSkimming, and Gustavo Carvajal Isunza. "Environmental Disclosure Requirements in the Securities Regulations and Financial Accounting Standards of Canada, Mexico and the United States." Commission for Environmental Cooperation, 2002.

Reuter, Peter, and Edwin M. Truman. Chasing Dirty Money: Progress on Anti-Money Laundering. Institute for International Economics, 2004.

Reuters. "IMF Aid for Seoul Rises, Humiliation Sinks In." Reuters. Available at: http://lists. jammed. com/IWAR/1997/12/0018. html, 1997.

Robinson, Roger W., Jr. "The National Security Dimensions of Global Capital Markets." William J. Casey Institute of the Center for Security Policy, 1999.

Rohter, Larry. "The Faraway War Set Latin America on Edge." New York Times, April 20, 2003.

Rose, Andrew K. "The Effect of Common Currencies on International Trade: Where Do We Stand?" Available at: http://faculty. haas. berkeley. edu/arose/MASOP02. pdf, 2002.

Roth, Stanley O. "Prepared Statement of Stanley O. Roth." May 7, Federal News Service, 1998.

Roubini, Nouriel, and Brad Setser. Bailouts or Bail-Ins: Responding to Financial Crises in Emerging Markets. Washington: Institute for International Economics, 2004.

Rubin, Robert E., Peter R. Orszag, and Allen Sinai. "Sustained Budget Deficits: Longer-Run U. S. Economic Performance and the Risk of Fiancial and Fiscal Disarray." January 4, Paper presented at the AEA-NAEFA Joint Session, Allied Social Science Association's Annual Meetings, 2004.

Rubin, Robert E., and Jacob Weisberg. In an Uncertain World: Tough Choices form Wall Street to Washington. New York: Random House, 2003.

Sachs, Jeffrey. "Managing the LDC Debt Crisis." Brookings Papers on Economic Activity, Issue 2, 1986.

Salvatore, Dominick. "Which Countries in the Americas Should Dollarize?" In Dominick Salvatore, James W. Dean, and Thomas Willett, eds., The Dollarization Debate, pp. 196–205. New York: Oxford University Press, 2003.

Sanger, David E. "Bailout of South Korea Raises Stakes for U. S." New York Times, November 22, 1997.

Scott Tyson, Ann. "Philippines Deployment: Sign of US Resolve." Christian Science Monitor, January 2, 2002.

Seidman, L. William. Full Faith and Credit: The Great S&L Debacle and Other Washington Sagas. District of Columbia: Beard Books, 1989.

Senate Banking, Housing and Urban Affairs Committee. "Hearing of the Senate Banking, Housing & Urban Affairs Committee: Federal Reserve Monetary Policy Report." July 20, Federal News Service, 2000.

Shadow Financial Regulatory Committee. Roforming Bank Capital Regulation. Washington: AEI Press, 2000.

Simon, Sheldon. "The Economic Crisis and ASEAN States´ Security." October 23, Strategic Studies Institute Monograph, 1998.

Simpson, Glenn R. "As Investigations Proliferate, Big Banks Feel Under the Gun." Wall Street Journal, December 30, 2004.

Smead, Stuart W. "A Thesis on Maritime Piracy." Available at: http://www.angelfire.com/ga3/tropicalguy/piracy-modernday.html, 2001.

Snyder, Scott, and Richard H. Solomon. "Beyond the Asian Financial Crisis: Challenges and Opportunities for U. S. Leadership." April, United States Institute of Peace, Special Report 29, 1998.

Solomon, Gerald B. H. "Prepared Testimony by Congressman Gerald B. H. Sololmon before the Senate Banking, Housing and Urban Affairs Committee, Financial Institutions and Regulatory Relief Subcommittee, Subject: U. S. Market Security Act." November 5, Federal News Service, 1997.

Spiro, David E. Petrodollar Recycling and International Markets: The Hidden Hand of American Hegemony. Ithaca: Cornell University Press, 1999.

Steil, Benn. "Enron and Italy: Parallels between Rome's Efforts to Qualify for Euro Entry and the Financial Chicanery in Texas." *Financial Times*, February 21, 2002.

——. "Whither International Regulation?" Unpublished presentation to the XIXth Annual Conference of the International Organization of Securities Commissions, October 17–21, 1994 (Tokyo, Japan).

Stratfor. "Latin America—Benign Neglect and Persistent Weakness." June 16, Stratfor, 2003.

Sulling, Anne. "Should Estonia Euroize?" Economics of Transition 10, no. 2 (2002): 469–90.

Summers, Lawrence. "Rules, Real Exchange Rates, and Monetary Discipline." In Nissan Liviatan, ed., Proceedings of a Conference on Currency Boards and Currency Substitution, pp. 32–33. Washington: World Bank, 1992.

Swindell, Bill. "Bush Caught Between Pakistan and Congress on Textile Imports." Congressional Quarterly, February 12, 2002.

Tarullo, Daniel K. Banking on Basel: The Future of International Financial Regulation. Institute for International Economics, Forthcoming.

Thompson, Fred. "Senator Thompson Revises China Nonproliferation Act." July 26, Office of International Information Programs, U. S. Department of State, 2000.

Trinkunas, Harold, and Jack Boureston. "Financial and Political Crisis in Argentina: Walking a Wobbly Tightrops." Strategic Insights 1, no. 1 (March 2002).

Truman, Edwin. "Text: Assistant Secretary of Treasury Truman on Dollarization." Available at: http://www.usembassy.it/file2000_02/alia/a0020822.htm, 2000.

U. S. Senate Committee on Foreign Relations, Subcommittee on Foreign Relations. International Debt, the Banks and U. S. Foreign Policy. 95th Congress, First Session, 1977.

Unger, Laura S. "Letter to The Honorable Frank P. Wolf." In U. S. –China Security Review Commission, Report to Congress of the U. S. China Security Review Commission, July, pp. A28–A32, 2002.

United Nations Development Program. Democracy in Latin America. United Nations Development Program, 2004.

United States General Accounting Office. Combating Money Laundering. September 2003.

Vick, Karl. "Activists in Sudan Fear Loss of Western Oil Firms' Influence." Washington Post, June 24, 2001.

von Furstenberg, George M. "Pressures for Currency Consolidation in Insurance and Finance: Are the Currencies of Financially Small Countries on the Endangered List?" in Dominick Salvatore, James W. Dean, and Thomas Willett, eds., The Dollarization Debate, pp. 206–20. New York: Oxford University Press, 2003.

Wall Street Journal. "LDC Debt: To Worry or Not to Worry?" Wall Street Journal, January 23, pp. 25–28, 1981.

Wallich, Henry C. "LDC Debt: To Worry or Not to Worry?" Challenge, September/October, pp. 8–14, 1981.

Wechsler, William. "Follow the Money." Foreign Affairs 80, no. 4 (July/August 2001): 40–57.

Weiss, Martin. Terrorist Financing: The 9/11 Commission Recommendation. October, Congressional Research Service, 2004.

White, Michelle J. "Sovereigns in Distress: Do They Need Bankruptcy?" Brookings Papers on Economic Activity, issue 1 (2001): 287–319.

William J. Casey Institute of the Center for Security Policy. "Frank Wolf Puts U. S. Financial Regulators on Notice: Ignore U. S. Capital Market Fundraising for Sudan's Oil at Their Peril." March 16, William J. Casey Institute of the Center for Security Policy. Available at: http://www. centerforsecurity policy. org/index. jep?section=papers&code=01-F_20, 2001.

Williams, Phil. "Drugs and Guns." Bulletin of the Atomic Scientists 55, no. 1 (January/February 1999).

Wishart, Eric. "Intelligence Networks and the Tri Border Area of South America: The

Dilemma of Efficiency Versus Oversight." December, Thesis, Naval Postgraduate School, Monterey, California, 2002.

Wolf, Martin. "The Fund Is Not Equal to the Job It Was Meant to Do." Financial Times, March 10, 2004a.

——. Why Globalization Works. New Haven: Yale University Press, 2004b.

Worrell, DeLisle, and Hyginus Leon. "Price Volatility and Financial Instability." IMF Working Paper no. 01/60, 2001.

Wriston, Walter. "Banking Against Disaster." New York Times, September 14, 1982.

Zagaris, Bruce. "U. S. SEC Forms New Office of Global Security Risk." International Enforcement Law Reporter, April 2004.